V&R

Georg Gremels

Meine Zeit in deinen Händen

Sieben Säulen
evangelischer Spiritualität

Mit einem Vorwort von
Margot Käßmann

Vandenhoeck & Ruprecht

Meiner Mutter Gisela Gremels, geborene Fuchs
für alles, was ich von ihr empfing.

Bibliografische Information Der Deutschen Bibliothek

Die Deutsche Bibliothek verzeichnet diese Publikation in der
Deutschen Nationalbilbliografie; detaillierte bibliografische Daten sind
im Internet über <http://dnb.ddb.de> abrufbar.

ISBN 3-525-60411-4

Umschlagabbildung:
allOver/Jörg Amsel, Baumstämme

Printed in Germany.
Satz: Weckner Fotosatz GmbH | media+print, Göttingen
Druck und Bindung: Hubert & Co., Göttingen

Gedruckt auf alterungsbeständigem Papier.

Vorwort

Liebe Leserinnen und Leser,

viele Menschen sind heute auf der Suche nach einer eigenen Spiritualität, nach einer Orientierung des Lebens durch den christlichen Glauben. Der Verfasser dieses Buches hat hierfür ein Wochenhandbuch geschaffen, ein Gebetbuch, das helfen will, in eine Praxis geistlichen Lebens Tag für Tag einzuüben. Er tut dies in Anlehnung an den kleinen Katechismus Martin Luthers, indem er die fünf Hauptstücke aufnimmt, dazu die Beichte und den Sonntag als zentralen christlichen Feiertag.

Viele unserer weltlichen Kalender, in denen wir unsere Termine planen, sind nach dem Wochenrhythmus gestaltet. Georg Gremels will hierhinein einen geistlichen Grundrhythmus legen. Gewiss, das kostet Zeit – 15 Minuten jeden Tag schlägt der Verfasser für die geistliche Besinnung vor. Und: das kostet sicher auch Konzentration und einen langen Atem. Eine solche Einübung aber birgt die Möglichkeit, den geistlichen Schatz unseres christlichen Glaubens Tag für Tag wiederzuentdecken. Die Wiederentdeckung der Rhythmen im Leben, Rituale bergen die große Chance, das Leben bewusst zu gestalten, jeden einzelnen Tag in seiner Besonderheit, den Alltag und den Sonntag im Wechsel des Kirchenjahres.

Georg Gremels formuliert ganz elementare Meditations- und Merksätze, die zu einem Herzensgebet werden können. Der Hoffnung des Verfassers, dass wir die Fundamente unseres Glaubens uns als eiserne Ration „verinnerlichen" und immer bei uns haben, kann ich mich nur anschließen und mit ihm wünschen, dass der Glaube für jeden Einzelnen lebendig wird und in den ganz persönlichen Alltag und Sonntag hineinwirkt. Alle geistlichen Übungen können Glauben nicht herbeizwingen, das ist klar. Glaube ist und bleibt Geschenk Gottes. Aber den Boden können wir bereiten, uns öffnen und die Hände Gott entgegenstrecken, Gott ihn bitten, dass sie gefüllt werden.

In einem neueren Kirchenlied heißt es:

UNSRE ZEIT IN GOTTES HÄNDEN.
LEBEN HEISST DAS BÖSE WENDEN
UND DIE LIEBE WEITER TRAGEN.
JEDEN TAG DIE ZUKUNFT WAGEN.

UNSRE ZEIT IN GOTTES HÄNDEN.
GOTTES LIEBE WIRD NICHT ENDEN,
BLEIBT BEI UNS, WIRD UNS BEGLEITEN,
JEDEN TAG IN SCHWEREN ZEIT.

UNSRE ZEIT IN GOTTES HÄNDEN.
GOTTES LIEBE WIRD NICHT ENDEN,
IN DER FREUDE, IN DEN SORGEN,
JEDEN TAG SIND WIR GEBORGEN.

(aus Fritz Baltruweit, Meine Lieder)

In diesem Sinne wünsche ich Ihnen allen, die dieses Buch aufnehmen und so einen Rhythmus der Besinnung, einen neuen Zugang zur christlichen Spiritualität finden, jeden Tag einen segensreichen Gebrauch.

Ihre

Landesbischöfin Dr. Margot Käßmann

Inhalt

Vorwort 5

Zum Geleit 9

Zur Einführung 13

1. Meine Zeit in deinen Händen 13
1.1 Ein geistliches Handbuch für die Woche: Zur Entstehungsgeschichte 13
1.2 Meine Zeit 15
1.3 In Gottes Händen 16

2. Säulen evangelischer Spiritualität 19
2.1 Die Sehnsucht nach Spiritualität 19
2.2 Der Weg evangelischer Spiritualität 20

3. Das Besondere des Wochenzyklus 24
3.1 Heilige Momente im Tageslauf 24
3.2 Heilige Momente im Jahreslauf: Das Kirchenjahr 25
3.3 Die Heiligung der Woche: Sieben Säulen des Glaubens 27

4. Zum Gebrauch des geistlichen Handbuchs für die Woche 29
4.1 Eine Anregung für den eigenen spirituellen Weg 29
4.2 Tradition und Situation auf Doppelseiten 30
4.3 Meditationssätze für das Jesusgebet 31

I. Die tragende Säule am Sonntag: Die Liebe Gottes 34

II. Die sechs Säulen des Alltags 50

1. Die erste Säule am Montag: Die zehn Gebote 51
2. Die zweite Säule am Dienstag: Der Glaube 67
3. Die dritte Säule am Mittwoch: Das Vaterunser 83
4. Die vierte Säule am Donnerstag: Die Taufe 99
5. Das fünfte Säule am Freitag: Das Abendmahl 115
6. Das sechste Säule am Samstag: Die Umkehr 131

Drei Gebete für den Tageslauf 147

1. Die Morgenandacht 147
2. Die Mittagsandacht 149
3. Die Abendandacht 152

Anhang 155

1. Nachwort 155
2. Überblicksschema 156
3. Literatur 157
4. Anmerkungen 160

Zum Geleit

Einfach will es sein, dieses Buch. Wie eine eiserne Ration sollte jeder die Grundsätze des Glaubens verinnerlichen und immer bei sich haben. Sieben Tage der Woche als Merkmale für sieben Säulen des Glaubens! So soll elementares Wissen im christlichen Glauben entstehen.

Doch damit, dass einer, eine die Sache im Kopf hat, ist es noch nicht getan. Um es mit einem alten, aus der Mystik stammenden Begriff zu sagen: Die Information will wirkliche in-formatio, d.h. Einprägung werden. Und das braucht Zeit, Zeit der Einübung und des Sich-vertraut-Machens!

Einüben in den Glauben will es daher, dieses Buch. Es will eine evangelische Spiritualität fördern und so einen Weg für evangelische Exerzitien eröffnen! Denn die sieben Säulen des Glaubens wollen innerlich gefüllt sein. Für Menschen auf der Suche nach Gott also ist es gedacht mit seinen Einführungen. Dazu gibt es gewiss schon viele andere Wege, vom Kalenderblatt bis zur Losung; doch die „sieben Säulen" wollen die grundlegenden Wahrheiten vertiefen, die im kleinen Katechismus Martin Luthers zusammengefasst sind.

Einkehr in das Wesen will es ermöglichen, dieses Buch. Denn es hat die Zeit als das wohl kostbarstes Gut unserer Tage zum Thema! In ihr wirkt der Mensch, liebt, schafft und lebt! Weit weg bewegt er sich dabei oft genug von Gott, seinem Ursprung, seinem Ziel und seiner Mitte. Extroversion und äußere Geschäftigkeit bestimmen seine Tage. Ganz nach außen gekehrt wird so unser modernes Leben und verlangt nach Umkehr, ja nach Einkehr.

Denn des Menschen so scheinbar gottfernes Wirken ist immer schon umschlossen von dem, der alles in seinen Händen hält, wie der Psalmbeter bekennt (Ps 31,16): „Meine Zeit steht in deinen Händen"! Umdenken heißt, Gott als Mitte meiner Zeit neu entdecken und zu ihm umkehren, bei ihm einkehren. Dazu will dieses Gebetsbuch Anstöße in Maß und Ordnung von sieben Tagen einer Woche geben.

Ich verfolge damit also ein dreifaches Ziel: Erstens will ich den christlichen Glauben so vereinfachen, dass wir Christen darin wieder sprachfähig werden. Zweitens will ich einen einfachen Rahmen für die Einübung in den Glauben, d.h. in ein spirituelles Leben schaffen. Und drittens will ich zur Einkehr aus der Geschäftigkeit verlocken. Darin liegt eine Umkehr, wie sie schon immer mit dem Evangelium verbunden war. Sie ist in unseren Tagen eine Gegenbewegung zum einseitig nach außen gekehrten Leben.

Jeder steht im Strom von Empfangen und Geben. So auch ich. Viele meiner Gedanken wären ohne andere niemals gereift. So brachte mich Klaus Vollmer in Verbindung mit dem Missionswerk in Hermannsburg. Olav Hanssen, der ehemalige Leiter des Missionsseminar Hermannsburg und Gründer des Gethsemaneklosters Riechenberg, öffnete mir neue Zugänge zum Gebet.[1] Und Traugott Koch in Hamburg erschloss mir durch seine wissenschaftliche Arbeit die Spiritualität lutherischer Orthodoxie, wie beispielhaft in seiner Untersuchung zu Johann Habermanns „Betbüchlein“ deutlich wird.[2]

Doch will ich auch den vielen danken, die bei der Entstehung und Erprobung der hier vorliegenden Gedanken mithalfen, beitrugen, einwandten und kritisierten: Mitarbeitern in der Jugend, Gemeinden, Lektoren, Pastoren und Pastorinnen, Kirchenvorstände. Sie alle zu nennen würde den Rahmen sprengen. Aber so mancher, manche wird sich beim aufmerksamen Lesen wiederfinden. Ihnen allen danke ich für ihre stille Teilhabe an diesem Werk.

So sind sieben mal sieben Meditationen entstanden. An jedem Tag eine Säule des Glaubens in sieben Abschnitten. Um die Kapitel ausgewogen zu gestalten, finden sich einige Ausführungen an ungewohnter Stelle. So habe ich beispielsweise das zweite Gebot und die erste Bitte des Vaterunsers – der Heiligung des Gottesnamens – zusammengefasst. Die Entfaltung des neunten und zehnten Gebots findet sich aus gutem Grund zu Beginn der Taufe. Denn ohne das Phänomen der Entfremdung von Gott – dogmatisch: des Sündenfalls – ist der tiefere Sinn der Taufe kaum verständlich. Und die Bitte um das tägliche Brot habe ich mit dem Abendmahl verbunden.

Ursprünglich ging ich von fünf Säulen aus, nämlich den Hauptstücken des Katechismus. Das passt wunderbar zur Fünftagewoche! Doch um den sechs Alltagen gerecht zu werden, entschloss ich mich, am Samstag als sechstes die Buße, d.h. die Umkehr, anzufügen. Denn von ihr konnte Luther sagen, dass sie das „dritte Sakrament“ sei.[3] Bei ihm folgt sie ohnehin an sechster Stelle im Kleinen Katechismus mit seiner Anweisung zur Beichte. Sie ist der mittlere Teil der Buße, die aus Reue (contritio cordis), Beichte (confessio oris) und Wiedergutmachung (satisfactio operis) besteht. Die Umkehr hat es in einer Zeit der Extroversion mit der Einkehr ins Wesen, d.h. mit der Selbstwerdung zu tun. Sie trägt biblisch den schönen Namen Metanoia, d.h. Umdenken und bildet daher die sechste Säule.

Fehlt noch der Sonntag als siebte Säule. Schillernd steht er zwischen Wochenanfang und Wochenende. Denn mit der jüdischen Tradition des Sabbats ist er die Vollendung der Woche. In der christlichen Tradition steht er dagegen am Anfang der Woche als Tag der Auferstehung und Neuschöpfung. Beides gehört zu ihm. Deswegen habe ich ihn als heiligen Tag aus der Reihe der sechs profanen Alltag herausgenommen. So steht er als tragende Säule der Sonne gleich in der Mitte. Das lässt sich am Überblicksschema gut erkennen.[4]

Am Schluss dieses Wochenmanuale finden sich Vorschläge für drei Tagzeitengebete. Zwar ist das Evangelische Tagzeitenbuch der Michaelsbruderschaft wegweisend.[5] Auch das neue Evangelische Gesangbuch bietet vier ausführliche Stundengebete in benediktinischer Tradition (EG 783ff) und das gemeinsame Gebet nach Taizé (EG 789). Dass ich hier eine Form für das Morgen-, Mittags- und Abendgebet anbiete, hat rein praktische Gründe.[6] Oft greift man nur nach einem einzigen Buch für die Andacht.

So ist ein Handbuch für die Woche – ein Wochenmanuale – entstanden, in dem sieben Säulen des Glaubens auf sieben Tage der Woche verteilt sind. Es will anregen, jeden Tag Zeit mit dem Glauben zu verbinden. Allerdings wie bei allem, was im Glauben getan, gelebt und gedacht wird, gilt es das Gefäß vom Inhalt zu unterscheiden. Meditationen über die Frömmigkeit machen noch nicht fromm. Auslegungen über die Offenbarung Gottes offenbaren noch nicht Gott. Und nicht automatisch verwandeln spirituelle Übungen das Herz. Ohne Gottes Gegenwart bleiben alle menschlichen Bemühungen leer. Daher gilt auch für dieses Buch, was der Apostel Paulus über sein Wirken stellte (II Kor 4,7): „Wir haben aber diesen Schatz in irdenen Gefäßen ..." Das schönste Weinglas mundet erst, wenn es mit Wein gefüllt ist. Genauso wollen christliche Formen durch den guten Geist Gottes erfüllt sein. Erst dann entfalten sie ihre belebende Wirkung!

Darin liegt meine Hoffnung: dass einer, eine diese Anleitung zur evangelischen Spiritualität in die Hand nimmt und dabei Gottes Geist und Wirken erfährt. Denn vor und in allen Worten, ja über alle Worte hinaus ist der Glaube die Erfahrung einer großen Liebe. Ihr Raum zu schaffen auf dem Weg durch die Zeit ist mein innerstes Anliegen.

Hermannsburg, im August 2003

Georg Gremels

Zur Einführung

1 | Meine Zeit in deinen Händen

1.1 Ein geistliches Handbuch für die Woche: Zur Entstehungsgeschichte

Ein Handbuch für die Woche: Wie kommt es überhaupt dazu? Warum in dieser Gestalt? Und mit welchem Ziel? Den ersten Anstoß dazu bekam ich durch ein Erlebnis von Bischöfin Margot Käßmann, das sie auf einer Synode der Ev.-luth. Landeskirche Hannovers berichtete. Bei dem Besuch einer Schulklasse erlebte sie, dass die muslimischen Jugendlichen eindeutig beantworten konnten, was den Islam ausmacht. Fünf Säulen habe der Islam: das Glaubensbekenntnis, die Tagzeitengebete, das Almosengeben, das Fasten und die Pilgerreise nach Mekka! Doch bei ihrer Frage an die christlichen Jugendlichen, was denn den christlichen Glauben ausmache, herrschte peinliches Schweigen. Wir Christen wissen teils zu viel, teils zu wenig und oft genug nur viel Ungewisses. Wie also könnte man den christlichen Glauben einfach ausdrücken? Wie ihn elementarisieren?

Ich erinnerte mich dabei an eine Anregung von Christoph Maczewski, der bei einer Ausstellungsplanung zu Christentum und Islam im Hermannsburger Missionswerk darauf hinwies, dass auch wir Christen fünf Säulen des Glaubens haben: die Hauptstücke des Kleinen Katechismus, die zehn Gebote, das Glaubensbekenntnis, das Vaterunser, die Taufe und das Abendmahl! Sie machen das Wesentliche des christlichen Glaubens aus. Sie haben sich seit fünfhundert Jahren bewährt. Sie umfassen alles, was ein Mensch zum Leben und Sterben wissen müsse. Davon jedenfalls war Martin Luther überzeugt. So haben wir Christen einen vergleichbar elementaren Ausdruck für unseren Glauben.

Aber es reicht nicht nur, die fünf Hauptstücke zu kennen. Wie könnte ein Mensch sich in diese Grundlagen des Glaubens vertiefen? Wie könnte er sich in den Glauben einüben? Wie könnte er sich diese elementaren Wahrheiten aneignen? Wenn er täglich damit zu tun bekäme, war meine nächste Idee! Und was liegt dann näher, als den fünf Hauptstücken die Fünftagewoche zuzuordnen? Fehlt nur noch das Wochenende! So wurde zunächst das „Projekt 5+2“ geboren. Sieben Säulen des Glaubens ordnete ich den sieben Tage einer Woche zu: montags das

Gesetz, dienstags der Glaube, mittwochs das Gebet, donnerstags die Taufe und freitags das Abendmahl. Der Sonntag gehört Gott und seiner Ewigkeit. Dann ließe sich – zumal in Erinnerung an alte kirchliche Traditionen – der Samstag der Zeit und Vergänglichkeit zuordnen.

Doch bald machten mir meine Ergänzungen für das Wochenende zu schaffen. Ulf Karwelies und Gerhard Krumrey wiesen mich darauf hin, dass doch die Zeit keine Säule des Glaubens sein könne. Ob ich nicht die Buße, d.h. Umkehr für den sechsten Tag der Woche nehmen wolle? Sie finde sich als Beichtanweisung im sechsten Teil des Katechismus. Luther bezeichnet die Buße auch als drittes Sakrament.[7] Sie überzeugten mich nach anfänglichem Zögern trotz des heute so befremdlichen Themas Beichte. Denn sie ist ja nur ein Teil der umfassenden Umkehr. Denn das meint das ursprüngliche Wort Buße. Darin geht es um ein Selbsterkenntnis, ein Selbstbekenntnis und eine Selbstwerdung im Spiegel Gottes. Hinter alten Begriffen also eine hochmoderne Problematik!

Auch der Sonntag war in meinem anfänglichen Modell umstritten. Sollte er wie der jüdische Sabbat die Woche vollenden oder ihr erster Tag sein, weil wir Christen an ihm der Auferstehung des Herrn gedenken? Gehört er zum Wochenende oder zum Wochenanfang? Und ist er überhaupt in eine Reihe mit den anderen Tagen zu stellen? Ist er nicht als Herrentag (spanisch: santa domingo) die tragenden Säule für alle Säulen? Auf einer Kirchenvorstehertagung riet mir ein Zahnarzt, alle Tage im Kreis anzuordnen. Da gäbe es keinen Anfang und kein Ende. Warum dann nicht noch zusätzlich den Sonntag zur heiligen Mitte aller Tage machen? Als Gottes Tag gehört er ins Zentrum des Kreises! Wie die Sonne des Sonnensystems ist und alle Planeten um sie kreisen, so ist der Sonntag das Zentrum der Woche, von dem her jeder Tag seinen Glanz und seinen Ort erhält. So stieß ich auf mein Modell für die Siebentagewoche: Der Sonntag als heilige Mitte schart um sich die sechs Alltage.[8] Sieben Säulen des Glaubens auf Grundlage von Luthers Kleinem Katechismus sind so verbunden mit den sieben Tagen der Woche.

Während meiner Überlegungen beschäftigte ich mich mit den alten Bedeutungen der Tagesnamen. Trotz einer fast zweitausendjährigen Geschichte des Christentums entstammen sie fast alle der antiken Religion und Astronomie. In alten Zeiten trugen die Wochentage also nicht nur äußerliche Namen und waren nichtssagende Bezeichnungen. Sondern sie repräsentierten wichtige Gottheiten. Sie hatten daher enorme Bedeutung für das religiöse Leben und bestimmten das Verhalten im Alltag.[9]

Müsste die Christenheit nicht entschieden an einer neuen Füllung der alten Tagesnamen arbeiten? Gleichsam die Woche taufen? Und so das Evangelium in der Zeiterfahrung heimisch machen? Viele lose Enden dazu bietet die Tradition. Doch wirklich durchgesetzt haben sich nur der Sonntag als Tag des Gottesdienstes und der Freitag, an dem Christen der Kreuzigung gedenken. Vielleicht erinnern sich einige donnerstags noch an das Abendmahl. Aber dass es am Dienstag um den Kampf im Glauben geht, wird kaum einer noch wissen. In Anknüpfung an diese alten Traditionen will dieses Buch mit den Themen des Katechismus den einzelnen Tagen erneut religiöse Bedeutung geben. Auf diese Weise soll ein neuer Zugang für die christliche Spiritualität entstehen und der Glaube im Alltag lebendig werden.

1.2 Meine Zeit

Meine Zeit ist äußerst begehrt. Hinter den Kulissen der Mediengesellschaft tobt ein Kampf, in dem Milliardensummen eingesetzt werden! Es geht um meine Zeit, ja mehr noch meine Aufmerksamkeit. Wer darf sie in Beschlag nehmen? Bei welchem Sender bleibe ich hängen? Wem gestatte ich Einfluss auf mich zu nehmen? Der Kampf um Einschaltquoten wird rücksichtslos geführt bis an die Grenzen des guten Geschmacks. Doch nicht nur das. Viele wollen meine Zeit in Beschlag nehmen. Für welches Angebot lasse ich mich interessieren? Zu welcher Veranstaltung werde ich gehen? Wem widme ich meine Zeit?

Meine Zeit ist also ein äußerst begehrtes Gut! Das um so mehr, als sie ist in jedem Moment einmalig und unwiederbringlich ist. Niemals kehrt sie wieder zurück! Zudem ist sie bemessen: Zeit eines Tages, eines Jahres, eines Lebens. Deswegen überlege ich genau, wem ich sie schenke. Ärgerlich kann ich werden, wenn andere meine Zeit verschwenden, vergeuden oder gar stehlen! Ihnen gegenüber geize ich mit ihr.

Weil mir Zeit so wertvoll ist, wird sie auch so knapp. Wer kennt nicht das Gefühl: „Ich habe keine Zeit!“? Terminplaner und Zeitmanagement helfen uns, mit dem kostbaren Gut optimal umzugehen. Angesichts dieser Lage scheint Gott schlechte Karten zu haben. Unsichtbar ist er und weit weg vom aufdringlichen Bemühen anderer, unsere Zeit in Beschlag zu nehmen. Wer ist noch bereit, für ihn Zeit aufzubringen? Ja, und wer ist dazu noch in der Lage bei den vielen anderen Ansprüchen, sich Zeit zu nehmen für den Gottesdienst am Sonntag, Zeit für Gott an jedem Tag, in jeder Woche, jedem Monat, jedem Jahr?

Zu unwirklich ist er den meisten! Zuweilen erscheint er ihnen als eine Ausgeburt der Phantasie. Wer will dafür schon seine Zeit vergeuden? Auch aktive Christen leiden daran, dass er viel zu unsichtbar, viel zu leise ist. Er kann mit der Konkurrenz um unsere Zeit nicht mithalten! Zeit für Gott: Das scheint ein Luxus zu sein, den sich nur noch wenige Christen leisten, und auch die je länger, je weniger. Aber Hand aufs Herz! Gott ist der Geist der Liebe, der „die Welt im Innersten zusammenhält". Wäre es nicht fatal, sich ausgerechnet für die Liebe, das Wichtigste im Leben keine Zeit zu nehmen?

1.3 In Gottes Händen

Also gilt es sich der wichtigsten Sache von der Welt, der Sache mit Gott bewusster zu werden. Meine Zeit steht zwar ohnehin in seinen Händen. Sie ist immer schon Gottes Zeit zwischen Anfang und Ende, Ursprung und Vollendung, Schöpfung und Erlösung. Sie kommt aus Gott und wird einmal wieder in ihn einmünden. Und er wacht über ihrem Lauf. Dessen war sich der Psalmbeter bewusst, wenn er bekennt: „Meine Zeit steht in deinen Händen!"

Es ist schon viel, wenn ich in guten Händen bin. Doch mehr noch ist es, wenn ich in dessen Händen stehe, der das Ganze der Wirklichkeit durchdringt und trägt. Ich kann darauf vertrauen, dass er seine Hand über mir hält, wenn Chaos hereinbricht. Ich glaube, dass er mich an der Hand nimmt, wo Gefahren drohen. Wunderbare Bilder der Sprache, die Geborgenheit, Schutz und Fürsorge Gottes ausdrücken.

Doch nicht automatisch bin ich mir seiner bergenden Hände bewusst. Sondern ich muss meine Zeit willentlich in seine Hände legen. Darin besteht das Geheimnis der Spiritualität. Ich bin nicht mit meiner Zeit allein, wie viele meinen. Und schon gar nicht bin ich alleiniger Herr meiner Zeit. Sondern in jedem Augenblick lebe ich in der Gegenwart Gottes. In seiner Hand steht meine Zeit. Er, dieser Geist und Gott der Liebe ist die Mitte alles Seienden; er ist die Seele des Kosmos. Um ihn dreht sich alles wie die Planeten um die Sonne, auch ich und mein Leben!

Und wie die Hand eines Menschen einen schutzlosen Vogel bergen kann, so berge ich meine Zeit im Schutz seiner Hände. Wer diese Geborgenheit entdeckt, der wird sich Zeit nehmen für die wichtigste Sache der Welt, Zeit für Gott. Denn was hilft mir seine Hand, wenn ich mich wie ein ungehorsames Kind davon losreiße? Wie kann ich den Segen seiner Hände empfangen, wenn ich mich gegen ihn verschließe? Und was soll mich schützen, wenn er seine Hand von mir abzieht?

Nein, es geht im Leben nicht nur um das, was Gott tut. Wir sind Menschen und keine Marionetten. In Gottes Hand stehen wir nicht willenlos. Ich selbst, meine Person, mein Wille sind gefragt! Bewusst will ich daher meine Zeit in seine Hände legen. Dahinter steht die alte Sitte, dass der Vasall seine Handflächen aufeinander und so in die Hände seines Dienstherren legt. Beginn einer gegenseitigen Treue! Nun steht meine Zeit nicht nur schicksalhaft in Gottes Hand, sondern ich lege sie bewusst und willentlich in seine Hände.

Darin liegt die Herausforderung evangelischer Spiritualität. So können die sieben Tagen einer Woche eine Umkehr einleiten und mich entdecken lassen, wie meine Zeit in seinen Händen steht! Die kleinen Meditationen in diesem Wochenmanuale, d.h. Handbuch für die Woche wollen Wege weisen, wie einer, eine ihre Zeit in Gottes Hände legen können. So wächst eine persönliche Spiritualität. Das lateinische Wurzelwort *spiritus* heißt ja nichts anderes als Geist: Gott als Geist kommt mit dem Geist des Menschen zusammen. Wo so Geist bei Geist, ja Geist in Geist ist, dort ist Leben und Glückseligkeit, kurzum Evangelium.

Dafür lohnt es sich Zeit zu nehmen. Wer einmal die Rechnung aufmacht, womit er seine Zeit verbringt, wird vermutlich erschrecken. Für vieles Wichtige, aber auch für viel Oberflächliches, Nutzloses und Vergebliches vertun wir kostbare Zeit. So bleibt am Ende zu wenig übrig für das Allerwichtigste, für Gott!

Schon wenn jemand ein oder zwei Stunden am Sonntag für den Gottesdienst fordern würde, müssten viele passen. Dafür haben sie keine Zeit. Oder wenn einer sie bitten würde, sich jeden Tag doch wenigstens eine Stunde Zeit für Gott zu nehmen? Wie viele würden in Bedrängnis kommen, um sich soviel Zeit zu für ihn zu reservieren, obwohl das Fernsehen viel mehr Stunden in Beschlag nimmt! Ganz zu schweigen von heiligen Männern und Frauen, Nonnen und Mönchen, die ihre ganze Lebenszeit Gott übergeben. Ein Leben für Gott allein! Dieses Maß übersteigt gewöhnlich jede Vorstellungskraft.

Wie viel Zeit sollte ich mir nehmen? Soviel, dass mein Alltag von der Einsicht in Gott durchglänzt wird. Denn dann bin ich allezeit bei ihm! Je tiefer ich in der Realität Gottes eindringe, umso weniger will ich ihn, seine Wahrheit, seine Liebe und Güte versäumen. Und je inniger sich mir das ewige Geheimnis der Liebe auftut, desto weniger muss ich dafür Sonderzeiten einräumen. Denn seine Gegenwart durchglänzt alles.

Ich will ein bescheidenes Maß zu nennen. Für die Besinnungen auf die sieben Säulen sollte sich man sich zumindest eine Viertelstunde pro Tag Zeit reservieren, um eine Meditation zu lesen und ihr nachzusinnen oder ein Wort auswendig zu lernen und zu verinnerlichen, um es in den Tag hineinzunehmen.

Auch wenn es nicht jeden Tag gelingen sollte, so können fünfzehn Minuten eine lange Zeit werden. Das setzt voraus, dass einer in sein „stilles Kämmerlein“ geht, wie es so schön in der Bibel heißt. Gemeint ist eine Zeit, in der weder das Telephon klingelt noch das Radio dudelt, in der ich auch nicht jeden Moment auf die Uhr sehen muss, sondern ganz da sein kann. Vielleicht hat einer ein stilles Zimmer, eine kleine „Herrgottsecke“ in seinem Haus oder kann sich etwas Vergleichbares einrichten. Vielleicht weiß einer eine Kirche oder Kapelle, in die er sich zurückziehen kann. Ja, bei manchen sind es ganz unfeierliche Orte, an denen sie zur Ruhe kommen und konzentriert sind: der Hochsitz, die Gartenbank, die Fahrt zur Arbeit! Dann allerdings müsste jemand schon zuvor im Kopf haben, worüber er nachsinnen will.

Ob es auch mit weniger Zeit geht? Gewiss, vielleicht reicht manchem das Durchlesen, ja das Überfliegen der ersten Zeilen wie bei einer Zeitung. Aber fast immer bleibt dabei das Gelesene noch an der Oberfläche und wird von den folgenden Eindrücken, Erlebnissen und Informationen an die Seite gedrängt.

Im Glauben geht es um das Herz. Es ist Symbol für die Person, d.h. für mich als einmaligen Menschen in meiner ganzen Innerlichkeit und Tiefe. Es geht modern gesprochen um mein Selbst. Das Herz ist zugleich Symbol für Beziehung und Liebe. Liebe kann aber niemals an der Oberfläche bleiben. Sie will in die Tiefe dringen; sie will alles vom Anderen wissen, seine Geheimnisse und seine inneren Welten. Und niemals wird die Liebe müde, das Gleiche zu wiederholen: „Wie schön du bist!“ „Ich liebe dich wie am ersten Tag!“ „Du bist so stark!“ Der Glaube als Form der Gottesliebe lebt deswegen auch von der Wiederholung, der Vertiefung, der Einübung. Darin liegt das tiefste Wesen der Spiritualität. Sie bedarf der Zeit sich vertraut zu machen, sich zu öffnen und sich zu einigen. Denn alle Liebe braucht Zeit, auch die Liebe, die Gott und Mensch verbindet!

2 | Säulen evangelischer Spiritualität

2.1 Die Sehnsucht nach Spiritualität

An vielen Orten in der Wohlstandsgesellschaft meldet sich gegenwärtig das Bedürfnis nach Spiritualität. Eine ungeheure Extroversion reißt Menschen der Moderne nach außen, weg von ihrer inneren Mitte. Das verlangt folgerichtig nach einer Gegenbewegung, d.h. einer Introversion. Will der nach außen gekehrte Mensch in seinem Inneren nicht zerfallen, dann wird er nach innen umkehren müssen. Eine solche „Kehre", wie Martin Heidegger sie nannte, führt zur Einkehr ins Wesentliche.[10] Die zentrifugalen Kräfte des Wohlstands fordern zentripetale Gegenkräfte, um das Leben im Gleichgewicht zu halten. Die einseitige Ausrichtung des Geistes auf das Äußere bedarf eines Widerlagers im Inneren. Die wachsende Bedeutung der Spiritualität hängt mit dieser Ausrichtung auf das Innere zusammen. Ohne sie gerät das Leben aus dem Gleichgewicht!

Es reicht also nicht nur die ständige Beschäftigung des Geistes mit dem, was vor ihm liegt. Wissenschaftlich gesprochen kann sich das Leben eines Subjekts nicht in der Beschäftigung mit den Objekten erschöpfen. Sondern es bedarf einer Umwendung des Subjekts zu sich selbst. Ich nehme mich als Person selbst wahr, die da betrachtet, lebt und begehrt: „Was hülfe es dem Menschen, wenn er die ganze Welt gewönne und nähme Schaden an seiner Seele", lehrt Jesus seine Jünger. Die Umkehr zu seiner eigenen, innersten Mitte, zum Tempel des Geistes, in dem Gott seine Wohnung nimmt, ist das tiefste Anliegen jeder Spiritualität. Das kommt auch in dem alten lateinischen Begriff contemplatio zum Ausdruck, d.h. sich zum Tempel hin versammeln.

Ein spirituelles Leben ist jedoch ganz gewiss nicht im Schnellverfahren zu gewinnen, mit einer Art geistlichem „fast food"! Denn Geist und Geist ist nicht dasselbe. Der Verstand bewegt sich anders als der Geist, d.h. das Herz als spirituelle Dimension im Menschen. Die Rationalität ist symbolisch gesprochen kopfgesteuert. Der rational denkende Mensch ist immer auf Neues aus. Er will Rätsel lösen. Das Bekannte dagegen verliert seinen Reiz. Wiederholungen langweilen! Ganz anders ist es mit der Spiritualität. Denn sie ist eine Sache des Herzens, d.h. des Selbst. Deswegen erklärt Luther zum ersten Gebot: „Woran du nun (sage ich) dein Herz hängst und dich darauf verlässt, das ist eigentlich dein Gott." Zum Herzen gehört die Wiederholung. Dasselbe zu hören und zu sagen wird zwei Liebenden niemals langweilig. Weil sich die Erkenntnis des Anderen, seine Wahrheit im Wiederholen vertieft, lebt auch die Spiritualität als Sache des Herzens von der Wiederholung. Auf welche Weise einer, eine sich dann auf seine spirituelle Reise begibt, ist individuell höchst verschieden. Aber eines ist für jeden und jede unabdingbar: Zeit!

2.2 Der Weg evangelischer Spiritualität

„Er weiß viel tausend Weisen, zu retten aus dem Tod…" dichtet Paul Gerhard inmitten des dreißigjährigen Kriegs und seiner Nöte. In den Wohlstandsgesellschaften sind derartig bedrängende, äußeren Notlagen in weite Ferne gerückt, von Katastrophen einmal abgesehen. Doch nicht eben leichter ist das Leben geworden. An die Stelle äußerer Nöte sind innere gekommen. Krisenhafte Beziehungen, Zweifel am Sinn des Daseins und innere Abgründe machen Menschen gegenwärtig viel zu schaffen.

Angesichts innerer Nöte schießen eine Unzahl von Hilfsangeboten aus dem Boden. Die Psychologie bietet ein breites Spektrum von Wegen, auf denen sie dem Selbst des Menschen aufzuhelfen versucht. Die Esoterik und die asiatischen Traditionen bieten eine Fülle von Übungen und Meditationswegen an, auf denen der Mensch mehr zu sich, zu seiner inneren Mitte zu finden soll. Auch im christlichen Bereich haben spirituelle Wege und Einführungen in die Meditation Hochkonjunktur. Und die Philosophie entdeckt ihr ureigenstes Thema der Lebenskunst wieder!

Doch bei der Suche nach Wegen evangelischer Spiritualität findet sich wenig. Das hat gewiss auch Gründe in Luther und der Reformation. Er kennt zwar die Mystik und schätzt sie in der Frühzeit seines Aufbruchs. Aber er hat sich niemals als Mystiker verstanden und auch niemandem den Weg zu mystischen Erfahrungen weisen wollen! Zwar war er als Mönch mit Methoden der Meditation und Versenkung nicht nur vertraut, sondern übte sie auch. Aber er vermittelte sie doch kaum anderen. So hell, so klar und so überwältigend war das Evangelium in sein Leben eingebrochen, dass er auf die Methoden seiner Vergegenwärtigung und Vertiefung kaum achtete. Ja er misstraute jeder Methode, dass sie das alleinige Wirken Gottes, sein Evangelium abschwächen könnte. Wer bei ihm nach Methoden der Spiritualität sucht, wird wenig finden.

Doch halt: Dem beharrlich Suchenden tun sich selbst bei Luther einige Spuren auf. So findet er in Luthers Vorwort zur *Theologia Deutsch* ein starkes Bekenntnis zu dieser mystischen Schrift: „Und daß ich entsprechend meinem alten Narren rühme: nach der Bibel und Augustin ist mir kein Buch vorgekommen, daraus ich mehr gelernt habe und gelernt haben will, was Gott, Christus, Mensch und alle Dinge seien."[11] Doch selbst hier geht es ihm vor allem um Christus, d.h. um das Was und weniger und das Wie der Mystik!

Auch praktizierte Luther in seiner Frömmigkeit eigene Formen vertiefender Meditation: „Noch tue ich wie ein Kind, das man den Katechismon lehret, und lese und spreche auch von Wort zu Wort des morgens, und wenn ich Zeit habe, das Vaterunser, zehen Gepot, Glaube, Psalmen etc, und muß noch täglich dazu lesen und studieren und kann dennoch nicht bestehen, wie ich gern wollte, und muß ein Kind und Schüler bleiben und bleib's auch gerne."[12] Dabei geht es ihm um ein inneres Gewahrwerden der Worten: „In der Andacht des Herzens wird das Äußerliche – die gesprochenen Worte, mündliche Gebet, aber auch ein vorformuliertes Gebet, wie das Vaterunser – in das Innerliche gezogen. Das beste Gebet ist das, wo das Herz mehr als der Mund redet: wo die mündlichen Worte nur hörbarer, geäußerter Anlaß sind, damit das Herz bewegt und erhoben wird zu Gott."[13] Sehr wohl weiß Luther also um die Bewegung des Herzens zu Gott, die das Eigentliche des Gebets ist.[14]

Verglichen jedoch mit seinem Gesamtwerk sind solche spirituell-methodischen Hinweise äußerst selten zu finden. Evangelische Spiritualität bei Luther also eine Fehlanzeige? Es scheint so. Doch stoßen wir damit auf ein Grundproblem moderner Meditationslehren. Das in seiner Subjektivität gefangene moderne Ich sucht zuerst und vor allem nach Methoden, die ihm ein eigenständiges Handeln ermöglichen. Was kann und muss ich tun, um Erfahrungen mit der Transzendenz zu machen? Immer steht dabei das eigene Ich im Vordergrund, Gott dagegen und sein Handeln im Hintergrund. Zwar findet sich fast überall der schnelle Hinweis, dass die Erfahrung des Absoluten allein Gnade sei und nicht durch menschliche Bemühungen gemacht werden könne. Aber danach kommen lange Anweisungen, wie einer sich nun doch bewegen und verhalten soll.

Luther war sich der Vergeblichkeit aller methodischen Bemühungen angesichts der göttlichen Eigendynamik nur zu bewusst. Er konzentriert sich daher fast ausschließlich auf Gott und seine Offenbarung. Davon ist die Bibel voll und seine Schriften sind davon durchdrungen! Denn in der Bewegung Gottes liegt das Geheimnis evangelischer Spiritualität. Sich ihr gegenüber offen zu halten, d.h. sie im Glauben anzunehmen ist ihr tiefstes Anliegen.

Dem steht vor allem das menschlich-rationale Ich im Wege, eben genau dasjenige, was in allen Meditationsformen überwunden sein will. Ich meine hier das Ichbewusstsein mit seiner Rationalität und Reflexivität. Wenn Luther von diesem Ich des Menschen spricht, deckt er unnachgiebig dessen Grenzen auf. Notwendig muss der Mensch am Gesetz seines Handelns, so auch an den Methoden seines Meditierens verzweifeln. Erst wenn sein Ich – an seine Grenzen geraten – zu verstummen beginnt, hat die Transzendenz, d.h. hat Gott eine Chance, zum eigentlichen Mittelpunkt zu werden.[15] So lehren auch asiatische Meister, wenn sie von der Entdeckung des Selbst sprechen.[16]

Wie aber kann sich ein Ich willentlich zum Verstummen bringen? Je mehr es sich bemüht, desto stärker tritt es als Ich auf. Hier tut sich der Abgrund der Gesetzlichkeit auf, die Luther durchlitt. Je mehr er mit Hilfe seiner Rationalität die Gerechtigkeit Gottes erzwingen wollte, desto mehr entfernte er sich von ihr. Doch genau darin bereitet sich das Kommen göttlicher Gerechtigkeit jenseits menschlicher Bemühungen vor. Die Verzweiflung an den eigenen Möglichkeiten macht durchlässig für die Gnade Gottes. Er handelt und rettet, nicht ich! Es ist mit daher den religiösen Bemühungen, auch den spirituellen wie bei Münchhausen: Am eigenen Schopf zog sich noch keiner aus dem Sumpf!

Lutherische Spiritualität hat es daher weniger mit Methoden als vielmehr mit Inhalten zu tun: mit dem Geist Gottes und seinem Wort, d.h. mit seiner Offenbarung! Die stehen gegenwärtig wie ein Stein des Anstoßes in einer Szene, die über die Auflösung von gedanklichen Vorstellungen zur Aufhebung des Ichs gelangen will und so dem – göttlichen – Selbst, d.h. der Seele bzw. dem Seelengrund zu begegnen hofft. Hierbei muss gerade jeder Inhalt gleichgültig werden, um sich von der Rationalität zu befreien. Anders der lutherische Weg. Er nimmt hinein in die Grundwahrheiten des Glaubens, durch die Gott erfahren werden und sich offenbaren kann.

Was also sucht einer, eine bei spiritueller Wegweisung? Methoden der Meditation und Anweisungen zum Atmen oder Sitzen? Dann wird er in diesem Buch wenig Befriedigendes finden. Dazu gibt es jedoch eine Fülle anderer Literatur! Oder aber versucht er dem Geist der Liebe auf die Spur zu kommen, den wir Christen Gott nennen? Dann findet er hier sieben Säulen evangelischer Spiritualität. Sie folgen Luthers Katechismus, in dem er seine spirituelle Wahrheit zusammenfasste. Dabei griff er auf die Fülle biblischer und kirchlicher Überliefung zurück: Dass der Mensch vor Gott nichts sei und nichts machen könne und dass dieses Unvermögen sein Reichtum sei! Dass der Glaube, d.h. das Nichts-mehr-machen-können die größte Gabe sei und dass Gottes Geschenke, Gottes Gabe und Hingabe den Menschen erneuere und begabe zum Tun des Guten! Diese Grundwahrheiten evangelischer Spiritualität predigt Luther unablässig und ohne jede Rücksicht auf Empfindlichkeiten des modernen Ichbewusstseins.

Dieses Andachtsbuch lädt ein, auf bewährter Grundlage des Katechismus die Woche mit sieben Säulen des Glaubens neu zu entdecken, für den einen wieder zu entdecken. Dabei nehme ich auf der *linken Seite* die kraftvolle, aber sprachlich zuweilen befremdliche Tradition der Schrift, der Kirchenlieder und der Kirchenlehre auf. Auf der *rechten Seite* bietet das Wochenmanuale Betrachtungen, die das gleiche Thema in Sprache und Denkformen der Gegenwart auszudrücken versuchen. Meine Einladung, in diesem Spannungsfeld seinen eigenen Weg des Glaubens zu gestalten!

3 Das Besondere des Wochenzyklus

Zweifach erleben wir Menschen die Zeit. Sie erstreckt sich von einem Anfang bis zu einem Ende. Sie verläuft zwischen Ursprung und Ziel. *Linear* schreitet sie aus ihrer Vergangenheit durch ihre Gegenwart in ihre Zukunft voran. Jeder ihrer Momente ist einmalig und unwiederholbar. Weil sie unwiederbringlich ist, deswegen ist sie so wertvoll. Ist sie erst verbraucht, lässt sie sich durch nichts ersetzen. Lineare Zeiterfahrung des modernen Menschen! Doch ist damit nur die halbe Wahrheit über die Zeit erkannt. Denn wenn sich eine Linie zu einem Kreis schließt, fallen Anfang und Ende zusammen. Unendlich kreist die Zeit in sich selbst. Aber wie bei einem Gummiband: Wer es auseinanderschneidet, schafft dadurch erst einen Anfang und ein Ende.

Wir erfahren daher die Zeit auch *zyklisch*. Jede Stunde kreist der große Zeiger der Uhr einmal um das Ziffernblatt und der kleine alle vierundzwanzig Stunden. Nach jeder Nacht bricht eine neuer Tag an mit neuen Chancen, neuer Hoffnung, neuem Beginn! Und ein Jahr folgt auf das andere, wechseln sich Frühling, Sommer, Herbst und Winter ab. Ein neues Jahr und neue, gute Vorsätze! So könnte man fortfahren. Die junge Generation löst die alte ab. Eine neue Epoche folgt auf die alte. Nach einer Eiszeit folgt eine Warmzeit. Und sogar der Kosmos atmet im Rhythmus von Jahrmilliarden.

Beide Erfahrungen der Zeit bestimmen unser Leben: Wie eine Spirale schraubt sie sich kreisend voran und legt zugleich die Strecke zwischen Anfang und Ende, Geburt und Tod zurück. Vergänglichkeit und Einmaligkeit sind so eingebettet in den Kreislauf von Zyklen, die von heiligen Momenten geprägt werden. Dreifach haben sie sich in der Geschichte der Christenheit ausgebildet: im Tageslauf, im Jahreslauf und im Lauf der Woche.

3.1 Heilige Momente im Tageslauf

Momente sind Zwischenzeiten. In ihnen können wir innehalten, um uns auf Wesentliches zu besinnen. Bis heute erinnern uns an vielen Orten die Glocken vom Kirchturm an die drei klassischen Zeiten des Tages: morgens, mittags und abends ruft uns ihr Läuten zum Gebet. Momente der Besinnung auf Gott! Doch ist das vermutlich für die meisten eine in Vergessenheit geratene bäuerliche Tradition. Und in Städten wird das Läuten vielfach wegen Lärmbelästigung eingestellt.

Am Morgen wird der Tag gleichsam neu geboren. Wenn es gut geht, erwacht ein Mensch frisch und munter. Noch voller Unschuld ist die Morgenfrühe. Was gestern war, verarbeitete er in den Träumen der Nacht. Hoffentlich lindert des Vergessen das Beschwerliche seines Lebens. Jeder neue Tag also ein neuer Anfang, eine neue Chance: Heute will ich es besser, anders machen! Deswegen ist der Morgen seit alters her eine besondere Stunde Gottes. Ich beginne mit seiner Schöpferkraft, seiner erlösenden Liebe und seinem erneuernden Geist!

Doch oft scheitert das Innehalten am Morgen schon an der Nacht zuvor. Zu lange dehnte sich der Tag in die Nacht hinein aus. Zu spät sinkt einer, eine in den erholsamen Schlaf! Zerschlagen und müde das Erwachen am nächsten Morgen. An eine Besinnung ist dann nicht zu denken! Doch manchem ist selbst bei ausreichend gutem Schlaf der Morgen keine günstige Zeit. Abendmenschen haben später ihre besten Momente.

Wie die Sonne *am Mittag* im Zenit steht, so auch der Tag (EG 457): „Der Tag seiner Höhe nah, nun blick zum Höchsten auf…" Mittags auf dem Gipfelpunkt des wachen Lebens entfernt sich der Mensch inmitten seiner Geschäfte am weitesten von Gott und seinen Geheimnissen. Die Erde bestimmt ihn ganz und gar. Deswegen ist gerade dann ein kurzes Erinnern so notwendig. Woher komme ich? Wohin gehe ich? Wodurch bestehe ich? Dankbar will ich zu Gott aufblicken für die Fülle meines Lebens. Inmitten des Tages halte ich so inne.

Am Abend wendet sich das Leben von der Arbeit zur Freizeit. Ein dritter Moment für die Besinnung. Nun neigt sich der Tag seinem Ende entgegen. Nun kann einer, eine tun, was sie wollen. Niemand bestimmt sie mehr fremd. Stunden der Freizeit und der Selbstverwirklichung! Aber doch auch eine Gelegenheit, den Tag in Gottes Hände zurückzulegen, sich selbst und seine Zukunft dem anzuempfehlen, der über unseren Träumen wacht. So können die drei Tageszeiten Räume geben, sich auf die sieben Säulen des Glaubens zu besinnen. Deswegen habe ich für dieses Manuale auch eine einfache Form für die drei Tagzeitengebete mitgegeben.[17]

3.2 Heilige Momente im Jahreslauf: Das Kirchenjahr

Eine der größten Leistungen der Christenheit ist das Kirchenjahr, wie Jochen Klepper schreibt: „Das Kirchenjahr mit seiner immer erneuten Vergegenwärtigung und Darstellung des Lebens Christi bis zur Ausgießung des Heiligen Geistes ist das größte Kunstwerk der Menschen ..."[18] Denn es vereint den Kreislauf des Naturjahrs mit dem Ablauf der Heilsgeschichte! Noch sind seine Höhepunkte den meisten vertraut.

Adventszeit: Zeit der Erwartung, des Ausstreckens auf das Kommende. Vorbereitung! Inmitten der Winternacht hören Menschen die Botschaft vom Licht: „Das Volk, das im Finstern wandelt, sieht ein großes Licht," heißt es bei Jesaja. *Weihnachten:* Ein Kind, das in der Armut geboren wird, bringt der ganzen Menschheit Freude. Gottes helles Licht ist nun in der Welt: *Epiphanias*!

Aber Gottes Licht provoziert die Kräfte der Finsternis, und so muss es zur Passion kommen. *Passionszeit* ist Fastenzeit, um sich der anderen Seite des Lebens zu stellen, dem Leiden und Ertragen. Doch Gott bleibt nicht im Dunkel des Leidens stecken, sondern siegt über die dunklen Mächte, wie der Frühling über den Winter siegt: „Sünde, Tod und Teufel", so Luther, sind *Ostern* in der Auferstehung überwunden. Obwohl sie noch in dieser Welt hausen, haben sie doch ihre Macht verloren für alle, die da glauben.

Dann folgt *Pfingsten!* Fünfzig Tage nach Ostern bricht der Geist Gottes in den Jüngern auf. Nicht mehr Entfremdung und Widerwille gegen Gott, nicht mehr Angst und Verzagtheit, sondern Gottes Geist, Gottes Liebe und Gottes Leben wirken in den Menschen. Söhne und Töchter Gottes sind sie im Geist!

In der langen Zeit der Sonntage *nach Trinitatis* geht die Kirchen dem Geheimnis des dreieinigen Gottes und seiner biblischen Offenbarung nach. Dann im Herbst feiern die Christen *Erntedankfest:* Fülle der Gaben, von denen wir leben. *Reformationsfest:* Fülle der Wahrheit, die sich im Evangelium erschließt. Und schließlich das *Ende des Kirchenjahrs:* Der Buß- und Bettag, der Volkstrauertag und der Ewigkeitssonntag, Christen gedenken des Endes und der Endlichkeit im Aufblick auf Gottes Ewigkeit.

Und wieder beginnt ein neues Kirchenjahr. Jedes Jahr von Neuem ein Durchgang durch die wesentlichen Momente der Heilsgeschichte. Gut, dass viele Christen darum kämpfen, diese Wahrheiten nicht den kurzatmigen Tagesgeschäften preiszugeben.

3.3 Die Heiligung der Woche: Sieben Säulen des Glaubens

Doch von der heiligen Bestimmung der Wochentage hat sich bis auf den Sonntag nur Weniges durchgesetzt. Denn sonntags rufen die Glocken zum Gottesdienst. Einmal in der Woche ein ganzer Tag für Gott, ihm gewidmet, ihm geweiht! Doch längst ist anderes daraus geworden. Wir genießen das Wochenende, das zu Ausflügen in die Ferne lockt. Wir freuen uns über die Stunden, die wir endlich einmal für uns, unsere Erholung nutzen können. Gelegenheit für Sport, für Besuche, für Feierlichkeiten. Für viele ist der Sonntag mehr Freizeit und Vergnügen als Erinnerung an Gott. Sein ursprünglicher Sinn als heiliger, Gott gehöriger Tag droht verloren zu gehen.

Von den anderen Tagen ist es vielleicht noch der Freitag, der uns an den Glauben erinnert. Damals gab es vielleicht zu Hause Fisch, die alte Fastenspeise. Denn am Freitag als dem Todestag Jesu wird seit den Tagen der alten Kirche gefastet. Doch die anderen Tage? Nur wenige wissen noch um ihre Bedeutung. Genau hier setze ich mit diesem Andachtsbuch ein. Denn die unterschiedlichen Bedeutungen der Wochentage ist den meisten unbekannt, obwohl es alte und neuere Traditionen dazu gibt. Ich beschreite daher einen vielfach begangenen Weg neu. Indem ich den Wochenlauf mit den sieben Säulen des Glaubens verbinde, fülle ich die Wochentage mit sieben grundlegenden Wahrheiten des Christentums.

Einmal so weit gekommen, entdeckte ich hinter den deutschen Wochennamen die römischen. Sie stammen von den Göttern, nach denen auch die Planeten benannt sind. Die römische Woche beginnt mit dem Samstag – dieser Name kommt vom jüdischen Sabbat –, dem Saturntag; das englische „saturday" erinnert bis heute daran. Der Sonntag empfing seinen Namen von der Sonne, lateinisch Sol, dem Sonnengott. Und der Montag ist tatsächlich der Tag des Mondes, der lateinischen Luna, d.h. der Mondgöttin. Der Dienstag bekam seinen Namen vom germanischen Kriegsgott Tiwaz-Dingsaz, der bei den Römern Mars heißt.[19] Der Mittwoch bezeichnet im Deutschen nur die Mitte der Woche. Doch ursprünglich gehört er dem Merkur, wie noch am französischen Namen „mercredi" zu erkennen ist. Der blitzeschleudernde germanische Gott Donar gab dem Donnerstag seinen Namen. Er heißt im Lateinischen Jupiter und im Griechischen Zeus. Der Name des Freitags kommt von der germanischen Freya, die bei den Römern Venus und bei den Griechen Aphrodite genannt wird. So haben die Tage nicht nur Namen, sondern religiöse Bedeutung. Nicht an jedem Tag machte man Geschäfte, sondern am Tag des Merkur! Nicht jeder Tag war für Krieg und Kampf geeignet, bestimmt aber der Tag des Mars. Und für die Liebe gilt ganz Ähnliches. Die Wochentage hatten religiöse Qualitäten und beeinflussten das Verhalten der Menschen.

Trotz einer zweitausendjährigen Geschichte des Christentums haben sich - bis auf Sonntag und Freitag - christliche Bestimmungen der Wochentage kaum durchgesetzt. Wer wird noch wissen, dass am Dienstag der Glaubenskampf zum Thema gemacht wurde? Hier schimmert sogar noch die heidnische Vergangenheit des Kriegsgottes Mars durch. Um Kampf geht es immer noch, aber nun um den des Glaubens. Wer weiß noch, dass auch der Mittwoch ein Fastentag der alten Kirche ist, weil an ihm beschlossen wurde, Jesus zu töten? Die christliche Tradition verschiedener Kirchen brachte verschiedene Traditionen hervor, wie die heidnisch benannten Wochentage christlich gefüllt werden könnten. Doch eine einheitliche Bestimmung konnte sich in der Christenheit nicht durchsetzen.

Die relative Offenheit in der Bedeutung der Tage gibt mir einen Freiraum zu ihrer Neubestimmung: Ich ordne ihnen die Hauptstücke des Kleinen Katechismus zu! Dabei passen die sieben Säulen des Glaubens in der von mir vorgeschlagenen Reihenfolge erstaunlich gut zu vielen traditionellen Bestimmungen. Beispielsweise ist am Montag die Arbeit das neuere Thema der Evangelischen. Nach dem Katechismus gehört zum Montag das Gesetz, d.h. die zehn Gebote. Beide Themen liegen nicht weit auseinander. Am Mittwoch als Tag höchster Aktivität im Alltagsleben bildet das Gebet ein gutes Gegengewicht. Und das Abendmahl als Erinnerung an den Tod am Kreuz passt gut zum Freitag. So führe ich mit der Verteilung der sieben Säulen evangelischer Spiritualität auf die Wochentage nicht etwa eine künstlich aufgesetzte Neubestimmung ein, sondern integriere sie mit gewachsenen Einsichten.

Nichts gänzlich Neues also! Aber neu ist doch dieses Grundanliegen: Ich will mit sieben Säulen des Glaubens eine einfache, seit ca. 500 Jahren bewährte Systematik des Glaubens bewusst machen und als Hilfe nehmen, mit ihr die Woche religiös füllen. So soll jeder Tag seine christliche Bedeutung bekommen. Und auf diese Weise soll die heidnische Vergangenheit, wie sie in den Namen der Wochentage mitschwingt, gleichsam „getauft“ werden.

4 Zum Gebrauch des geistlichen Handbuchs für die Woche

4.1 Eine Anregung für den eigenen spirituellen Weg

Wie könnte einer, eine mit diesem Buch umgehen? Ich habe mich zwar bemüht, es leserlich zu schreiben. Und nichts sollte mich mehr freuen, als wenn jemand Spaß beim Durchlesen fände. Vielleicht entdeckt es jemand als erbauliches Buch oder als Einführung in die Grundwahrheiten des Glaubens. Hat doch Luther schon den Katechismus als Glaubenslehre für das Volk verstanden!

Doch will ich mit diesem geistlichen Handbuch anderes und mehr. Zur Verdeutlichung sei mir ein Vergleich mit den Exerzitien des Ignatius von Loyola gestattet. Sie werden oft mit einem Kochbuch verglichen. Wer sie durchlesen will, würde sich schnell langweilen. Ein Blick in die Exerzitien wird das bestätigen. Denn darin sind auf knappste Weise Anleitungen zu Übungen niedergeschrieben. Doch in der Praxis werden seine Exerzitien spannend wie doch auch Kochbücher. Denn total anders ist die Situation, wenn einer am Herd steht und wirklich kocht: Wie viel Öl muss in die Soße? Wie lange soll das Fleisch gebraten werden? Wie bereite ich das Gemüse auf? Genauso entstehen viele Fragen auf dem Weg zu lebendiger Gotteserfahrung. Wer sich einüben will, wird ein Exerzitienbuch ganz anders lesen!

In diesem Sinne sind die hier vorliegenden Texte und Meditationen vor allem für die Praxis des eigenen Glaubens gedacht. Denn die Spiritualität ist in erster Linie keine Lehre, sondern eine Lebensweise. Deswegen will dies Handbuch Hinweise für ein Leben im Glauben geben. Eine Betrachtung, einen Bibelvers, eine Meditation zum Katechismus reichen gewöhnlich für einen Tag; denn es geht ja um das Verinnerlichen und Vertiefen.

Ohne also einen eigenen Weg der Besinnung zu gehen, ohne zu Gott aufzubrechen und ohne ihn suchen zu wollen könnte die Lektüre dieses Handbuchs schnell langweilig werden. Aber wer unterwegs ist und nach dem Geheimnis dessen fragt, der die Welt im Innersten zusammenhält, für den könnte so mancher Hinweis wichtig werden. Die Einführungen zeigen ihm vielleicht einen nächsten Schritt; sie weiten ihm den Blick für eine grundlegende Wahrheit; sie geben ihm Kraft zum Weitermachen.

Dabei kann es durchaus passieren, dass jemand bei einer Betrachtung längere Zeit verweilt, um sie sich in ihrer ganzen Tiefe zu erschließen. Beispielsweise kann einer das Montagsthema längere Zeit, d.h. auch an anderen Wochentagen bewegen, bis er darin zu Hause ist. Danach wird ihn jeder Montag an das tiefer Angeeignete erinnern! Und dann könnte er sich das Dienstagsthema vornehmen und so fort.

Überhaupt darf das Wochenschema nicht sklavisch missverstanden werden. Es gibt Lebenszeiten, in denen das Gebet im Zentrum der eigenen Spiritualität steht; dann bestimmt das Mittwochsthema das Leben. Zu anderen Zeiten mag es das Thema der Hingabe sein, das zum Freitag gehört. Wer sich Gott und seiner Ewigkeit zuwendet, macht auch an anderen Tagen gleichsam seine „Sonntagserfahrungen". Denn das Leben konfrontiert uns in bestimmten Phasen mit wesentlichen Grundfragen, ohne nach der Bedeutung von Tagen zu fragen. Da wird hoffentlich ein jeder dem Drängen des Geistes in sich Raum geben.

Doch wünsche ich mir, dass einer, eine im Haus der Woche mit seinen sieben Säulen heimisch werden. Das führt mich zu einer letzten Anmerkung. Mit der eigenen Spiritualität verhält es sich wie mit der Kleidung. Jeder entwickelt im Lauf seines Lebens seinen ganz individuellen Geschmack. Und wenn er sensibel ist, wird sich seine Kleidung mehr und mehr seiner Eigenart anpassen. Er wird so zu dem finden, was ihm steht. Das gilt bildlich gesprochen auch für die Spiritualität. Jeder wird seinen Stil finden, der für seine Gottesbegegnung charakteristisch ist. Räume und Zeiten der Besinnung können sehr verschieden sein. Und auch die Art, wie einer, eine ihre Stille vor Gott füllen, wird im Laufe ihres spirituellen Wegs ihre je eigene Prägung erfahren. Meine Absicht ist daher nicht, mit den sieben Säulen das je Eigene zu ersetzen! Sondern ich will der Entfaltung des Eigenen einen Rahmen bieten, in den jeder sein unverwechselbares Bild malen, d.h. seine Spiritualität entwickeln kann.

4.2 Tradition und Situation auf Doppelseiten

Wer an den Kleinen Katechismus anknüpft, greift eine fast fünfhundert Jahre alte Tradition auf. Und da er in der heiligen Schrift gründet, reichen seine Grundlagen bis in die biblischen Quellen zurück. Dieses Handbuch will nun einerseits den Reichtum dieser Überlieferung zugänglich zu machen.

Zwar gibt es schon die klassischen Zugänge über das Evangelische Gesangbuch oder verschiedene Ausgaben des Katechismus. Aber leicht zugänglich bietet dieses Handbuch auf der jeweils *linken Seite* Anregungen aus der Tradition: Zitate aus dem Kleinen und Großen Katechismus, charakteristische Bibelworte und Psalmen sowie alte und neuere Gesangbuchlieder! Auf der jeweils *rechten Seite* stehen Meditationen, die Altes neu sagen wollen. Denn wir Heutigen entwachsen mehr und mehr der bäuerlichen Kultur, in der die heilige Schrift und das Christentum heimisch ist. Wer weiß noch, was ein Joch ist? Wer kann sich unter „Wehr und Waffen" in Luthers Reformationslied noch etwas Reales vorstellen? Wer kennt das vierfache Ackerfeld aus lebendiger Anschauung? Es geht daher auf der rechten Seite darum, alte Wahrheiten neu zu entfalten.

Darüber hinaus wollen linke und rechte Seite gemeinsam Anregungen und Impulse für das Wachsen in der eigenen Spiritualität geben. Dazu sei auf das weite Feld der Literatur zum Katechismus hingewiesen. Beispielsweise der Erwachsenenkatechismus, die vielen am Katechismus orientierten Konfirmandenbücher oder die zahlreichen Auslegungen zum Katechismus! Wer bei Luther selbst in die Tiefe dringen will, dem sei besonders die Auslegungsreihe von Albrecht Peters empfohlen, der in fünf Bänden Luthers Katechismen kommentiert.[20]

4.3 Meditationssätze für das Jesusgebet

In der Spiritualität ist es mit Wissen allein nicht getan. Schnell zwar sind Informationen über die Grundlagen des Glaubens mit dem Verstand schnell erfasst. Aber der alte, mystische Sinn der in-formatio meint wie gesagt weit mehr.[21] Es geht wörtlich um die Ein-Bildung, d.h. Hineinbildung einer Wahrheit ins Herz, ins Innerste eines Menschen. Dort wird sein Wesen geprägt, sein Charakter geformt und seine Tugenden ausgebildet. Ein nur oberflächliches Christentum wird den Anforderungen eines modernen Lebens kaum noch standhalten können. Nach Jahrhunderten der Ausbreitung christlicher Wahrheit geht es jetzt mit der Vertiefung des Glaubens um eine neue Mission.

Wie aber könnte einer die einfachen Wahrheiten des Glaubens in sich vertiefen? Wie könnten sie ihn auf seinem inneren Weg leiten? Wie könnten sie in den Tiefen seiner Person verankert werden? Dazu dienen jeweils die Überschriften auf der linken Seite des Handbuch. Hinter ihnen steht das Jesusgebet als alte Praxis spirituellen Lebens. Von ihr erzählt beispielhaft die Geschichte eines russischen Pilgers.[22] Er will der biblischen Wahrheit auf den Grund kommen (I Thess 5,17): „Betet ohne Unterlass!"

Doch wie können Christen ohne Unterlass beten? Nach menschlichen Maßstäben ist das schier unmöglich! Der Pilger will unbedingt diese Wahrheit erkennen und fragt so manchen Priester danach. Aber von einem zum anderen geschickt wird er enttäuscht. Denn keiner weiß die Antwort. Ja, die meisten versuchen sich herauszureden: Man solle viel, man solle häufig beten. Doch diese Worte des Paulus seien doch nicht wörtlich zu nehmen.

Schließlich trifft der fromme Mann doch auf einen Wissenden. Der führt ihn in das Geheimnis des Herzensgebet ein.[23] Er solle das einfache Gebet „Herr Jesus Christus, Sohn Gottes, erbarme dich mein" täglich sprechen, tausendmal, zehntausendmal. Und er solle es im Einklang mit seinem Atem, ja mit seinem Herzschlag sprechen. Solange solle er dies tun, bis dieses Gebet in ihm zu beten anfange im Einklang mit seinem Herzschlag. So könne es in ihm zum unablässigen Gebet werden. Auf diese Weise entdeckt der Pilger das Jesusgebet bzw. das Herzensgebet. Nach langer Zeit der Einübung beginnt es in ihm zu beten, ja unaufhörlich zu beten. Das hilft ihm während guter und böser Stunden seines Lebens in beständiger Gegenwart Gottes zu bleiben.

Wohl kaum einer, eine wird so weit kommen wie dieser Pilger, dessen ganzes Leben zum Gebet wurde. Doch viele haben mit dem Jesusgebet und seinen Varianten gute Erfahrungen gemacht. Denn einfache Sätze kann jeder bilden, sie leicht lernen und in regelmäßiger Wiederholung in sich vertiefen.

In der Praxis des Herzensgebets werden viele Varianten vorgeschlagen. Wenn ich mich recht erinnere, entwickelte schon Romano Guardini den katholischen Rosenkranz weiter, indem er über das Ave Maria hinaus auch Jesusgebete formulierte. Danach lassen sich Wahrheiten der heiligen Schrift in eigene Formulierungen fassen. Beispielsweise: „Gelobt sei der Herr Jesus Christus, der mit der Samariterin am Brunnen sprach." Auch für das Kirchenjahr gibt es Vorschläge solcher Jesusgebete.[24]

Dahin zielt auch die ruminatio, d.h. das beständiges Murmeln biblischer Worte, wie es die Mönche praktizieren. In ihr werden wenige Worte wiederholt, gleichsam murmelnd zerkaut und so verinnerlicht. Zum Beispiel: „Meine Zeit in deinen Händen!" Ein besonderes Glück ist dann auch hier die Erfahrung, wie es, genauer wie er, der Geist, in mir zu beten beginnt. Dann tut sich im Wiederholen gleichsam ein Fenster zur Ewigkeit auf und ein Mensch spürt etwas vom göttlichen „spiritus", von der Gegenwart Gottes im Geist! Olav Hanssen berichtet beispielhaft von solchen Erfahrungen beim Auswendiglernen der Bibel.[25]

An diese Traditionen knüpfe ich an. Ich habe daher die Überschriften der linken Seite als einfache Meditations- und Merksätze formuliert. So kann jeder die grundlegenden Wahrheiten des Glaubens in seinen Alltag hineinnehmen. Aber nicht nur einfache Merksätze wollen sie sein, sondern Meditationssätze für das Herzensgebet! Sie lassen sich in dessen Weise im Rhythmus das Atmens oder des Herzschlags sprechen.

Doch hierin geht nichts über die eigene Erfahrung. Mir persönlich gelingt beispielsweise die Technik des Herzensgebets beim Joggen. Andere werden es beim Spaziergehen oder beim walking entdecken, wieder andere einfach nur beim Stillsitzen oder Beten auf einer Kniebank! In je individueller Gestalt wird jeder die ihm gemäße Art finden, die Grundwahrheiten zu vertiefen. Oft empfehlen sich dazu auch gereimte oder rhythmische Texte. Denn sie lassen sich leichter wiederholen und in einen Rhythmus des äußeren Lebens einfügen.

Ich verbinde beispielsweise beim Laufen Atem und Schritte: zwei oder drei Schritte atme ich ein und zwei oder drei aus. Zu einem Atemzug gehört je eine Silbe. Das hieße beispielsweise am Sonntag: DU *(ausatmen)* MEIN *(einatmen)* HERR *(ausatmen)* UND *(einatmen)* GOTT *(ausatmen)*! Nach einer Zeit der Einübung spricht sich ein solches Gebet wie von selbst. Es, genauer ER beginnt im glücklichen Fall in mir zu beten!

Doch nicht jeder wird auf diesem Weg positive Erfahrungen machen können. Für so manchen kann das Herzensgebet wie das „Plappern der Heiden" wirken. Anderen erscheint es als eine Art Autosuggestion. Dann werden sie hoffentlich frei genug sein, solche Methoden einfach beiseite lassen. Denn was keine wirkliche Hilfe zur Vertiefung sein kann, ist doch zu nichts nutze! In geistlichen Methoden und Ratschlägen sollte daher jeder, jede dem Rat des Paulus folgen (I Thess 5,21): „Prüfet alles, das Gute behaltet!"

Deswegen sei eine letzte Klippe auf dem Weg der Frömmigkeit angesprochen. Bitter kann es dann werden, wenn einer, eine mit seiner Spiritualität Gott herbeizwingen will. Das endet schnell im gesetzlichen Krampf. Von dem wusste Luther so viel zu erzählen! Nein, eine Hilfe will ich mit meinem Handbuch den Praktizierenden geben und keine neue Last aufladen. Deswegen ist es ratsam, darüber hinaus Gesprächspartner zu finden, die mit spirituellen Wegen Erfahrungen haben. Mir persönlich haben geistliche Leiter wie Klaus Vollmer und Olav Hanssen viel weiter geholfen. In geistlicher Einübung ist eine persönliche Begleitung ratsam. Im Evangelischen Gethsemanekloster in Riechenberg bei Goslar beispielsweise wird weiter Raum für die Erprobung eigener Wege in der Spiritualität geboten und auch die Zeit für die nötigen Gespräche. Und im Rahmen des Campus Hermannsburg finden sich vergleichbare Angebote für eine geistliche Begleitung.

I Die tragende Säule am Sonntag: Die Liebe Gottes

Sonntag: Erster Tag der christlichen Woche und als Sabbat der letzte der jüdischen! Deswegen müsste er am Anfang und am Ende zugleich stehen, die Erneuerung des Lebens und seine Vollendung! Ein heiliger Tag ist er von alters her. Wie alles Heilige ist er ausgesondert. Deswegen steht er der Sonne gleich in der Mitte der Zeit, umringt von den sechs Tagen der Woche!

Seinen Namen hat dieser Tag von der Sonne. Sie steht in der Mitte unseres Sonnensystems. Ohne sie gäbe es weder Leben und noch Erkennen auf Erden. Seit Urzeiten wird sie als Gottheit verehrt. Die Alte Kirche verbindet mit der aufgehenden Sonne die Auferstehung des Christus. Er siegt über Sünde, Tod und Teufel. Ihn machten daher die Christen zu ihrer Glaubenssonne und den Sonntag zum ersten Tag ihrer Woche.

Die Orthodoxe Kirche hat sonntags die Auferstehung von den Toten zum Thema; die Katholiken gedenken der heiligen Dreieinigkeit. Die Lutherische Orthodoxie greift das Thema Schöpfung auf. Das Evangelische Tagzeitenbuch schließt an altkirchliche Tradition an: Tag der Auferstehung und des Lichts. Und das Evangelische Gesangbuch macht die Verkündigung des Evangeliums in aller Welt zum Thema. Die Losungen gedenken des Heils für alle Menschen. Das Amelungsborner Brevier kreist um das Evangelium und den Gottesdienst.

Da fügt sich die erste und zentrale Säule evangelischer Spiritualität gut ein: Danach gehört dieser Tag Gott, der die Liebe ist. Um sie als innerste Mitte des Seins dreht sich alles, auch die sechs anderen Säulen des Glaubens.

Zum Sonntag findet sich am Mittwoch und am Samstag Weiteres. Außerdem sind das Dritte Gebot mit der Feiertagsheiligung und der Lobpreis des Vaterunsers unter die Sonntagsthemen aufgenommen.

Du mein Herr und Gott

Das erste Gebot

ICH BIN DER HERR, DEIN GOTT.

KK: WAS IST DAS? WIR SOLLEN GOTT ÜBER ALLE DINGE FÜRCHTEN, LIEBEN UND VERTRAUEN.
GK: WAS HEISST: „EINEN GOTT HABEN"?

Das ist: Du sollst mich alleine für Deinen Gott halten. Was bedeutet das, und wie versteht man es? Was heißt , einen Gott haben', oder was ist Gott? Antwort: ein Gott heißt das, von dem man alles Gute erwarten und bei dem man Zuflucht in allen Nöten haben soll, so daß ‚einen Gott haben' nichts anderes ist, als ihm von Herzen trauen und glauben; wie ich oft gesagt habe, dass allein das Vertrauen und Glauben des Herzens beide macht: Gott und Abgott. Sind Glaube und Vertrauen recht, so ist auch Dein Gott recht; und umgekehrt: wo das Vertrauen falsch und unrecht ist, da ist auch der rechte Gott nicht. Denn die zwei gehören zusammen, Glaube und Gott. Woran du nun (sage ich) Dein Herz hängst und Dich darauf verlässt, das ist eigentlich Dein Gott.

Ex 3,2-6.13f

Und der Engel des Herrn erschien ihm in einer feurigen Flamme aus dem Dornbusch. Und er sah, daß der Busch im Feuer brannte und doch nicht verzehrt wurde. Da sprach er: Ich will hingehen und die wundersame Erscheinung besehen, warum der Busch nicht verbrennt. Als aber der Herr sah, daß er hinging, um zu sehen, rief Gott ihn aus dem Busch und sprach: Mose, Mose! Er antwortete: Hier bin ich. Gott sprach: Tritt nicht herzu, zieh deine Schuhe von deinen Füßen; denn der Ort, darauf du stehst, ist heiliges Land! Und er sprach weiter: Ich bin der Gott deines Vaters, der Gott Abrahams, der Gott Isaaks und der Gott Jakobs. Und Mose verhüllte sein Angesicht; denn er fürchtete sich, Gott anzuschauen. ... Mose sprach zu Gott: Siehe, wenn ich zu den Israeliten komme und spreche zu ihnen: Der Gott eurer Väter hat mich zu euch gesandt! und sie mir sagen werden: Wie ist sein Name?, was soll ich ihnen sagen? Gott sprach zu Mose: Ich werde sein, der ich sein werde.

Worum sich alles Leben dreht

Alles Wirkliche zentriert sich um eine Mitte. Im Makrokosmos kreisen die Planeten um die Sonne. Im Mikrokosmos organisiert sich jede Zelle um ihren Kern. So kennt auch jede Religion eine heilige Mitte. Der Totempfahl ist die Weltachse bei den nomadischen Völkern; bei den Israeliten ist es Wolken- und Feuersäule; und bei uns Christen der Kirchturm, wie an organisch gewachsenen alten Dörfern und mittelalterlichen Städten so wunderbar zu sehen ist. Die heilige Mitte verbindet die Menschen mit den guten Mächten der Oberwelt und verstopft die Pforten der Unterwelt, d.h. des Bösen. So garantiert sie das alltägliche, das profane – wörtlich: vor dem Heiligtum liegende – Leben!

Daher verdichtet sich für Luther die ganze Wahrheit der Schrift im 1. Gebots: „Ich bin der Herr, dein Gott"! Diese Wahrheit stellt er über den ganzen Katechismus. Und damit ist für ihn alles gesagt: „Gott ist in der Mitten, alles in uns schweige ...", dichtet in vergleichbarer Weise Tersteegen. So liegt im ersten Gebot das ganze Evangelium. Denn dieser Gott und Geist ist nicht etwa ein leerer Begriff, sondern lebendige Liebe, um die sich alles dreht!

Wenn aber nun ausgerechnet die Christenheit ihre heilige Mitte demontiert, was dann? Räumlich wird sie abgebaut. Häufiger ist gegenwärtig zu lesen, dass Kirchen verkauft werden sollen, um die drückende Finanznot zu lindern. An die Stelle der Kirchtürme treten die Cities moderner Städte mit ihren Wolkenkratzern. Zeitlich wird die heilige Mitte des Sonntags relativiert. Er wird zum Teil des Wochenendes, das den meisten zur der Freizeit, Erholung und zum Vergnügen dient. Um Gott und das Geheimnis seiner Liebe droht es still zu werden.

Doch wenn der Sonntag äußerlich nicht mehr die heilige Mitte repräsentiert, um wie viel mehr muss die Liebe Gottes als innerste Mitte der eigenen Person entdeckt werden! Ich selbst drehe mich wissend und unwissend um ihr Geheimnis, die sie Gott selbst ist. Sie ist in mir das nie verlöschende Feuer des Mose am Berg Horeb, Mitte aller Zeit, wie am Sonntag symbolisch sichtbar wird.

Pro-fan

Der Sonntag als heilige Mitte

EG 611,1+2

Gottes Liebe ist wie die Sonne,
sie ist immer und überall da.
Gottes Liebe ist wie die Sonne,
sie ist immer und überall da.
Streck dich ihr entgegen,
nimm sie in dich auf.

Gottes Liebe ist wie die Sonne,
sie ist immer und überall da.
Gottes Liebe ist wie die Sonne,
sie ist immer und überall da.
Sie kann dich verändern,
macht das Leben neu.

EG 327,2

Himmel, lobe prächtig eines Schöpfers Taten
Mehr als aller Menschen Staaten.
Großes Licht der Sonne, schieße deine Strahlen,
die das große Rund bemalen.
Lobet gern, Mond und Stern,
seid bereit zu ehren einen solchen Herren.

Der Sonntag – ein Holzweg?

„Da bist du auf aber dem Holzweg!“, mag uns jemand entgegenhalten. Holzwege führen zu nichts! Es sind Wege ohne Ziel, die sich im Inneren des Waldes verlaufen. Anfangs können sie ganz verheißungsvoll aussehen. Doch führen sie nur dorthin, wo einmal Holz geschlagen wurde.

Aber Holzwege – so Martin Heidegger – führen auf eine Lichtung. Und damit ermöglichen sie eine ganz andere Erfahrung. Mitten im finstern Wald eröffnen sie einen Blick auf eine Lichtung! Sie entstand, weil Menschen dort Holz schlugen und auf besagtem Holzweg abtransportierten. So lichtet sich das Leben, wenn einer einen Holzweg bis zu Ende geht.

Der Sonntag als ein Tag der Ruhe und des Innehaltens feiern erscheint den rastlos Tüchtigen und ruhelos Strebenden wie ein Holzweg. Er bringt nicht weiter. Richtig, aber nur scheinbar richtig! Denn zuende gegangen lichtet sich auf ihm das Leben. Inmitten des Dunkels dieser Existenz reißt plötzlich der Himmel auf. So will der „Holzweg“ Sonntag zur Lichtung und zum Licht führen. Dorthin, wo sich das Gestrüpp der Geschäftigkeit und der schattige Wald der Sorgen auf Gottes Liebe hin lichten.

Auf einer Lichtung geht es nicht mehr weiter. Und das soll es auch nicht! Denn sie lädt den Wandernden ein, nun zu rasten und sich auszuruhen, sich von der Sonne durchwärmen und vom Licht überfluten zu lassen! Bilder für die Sonne der Liebe, mit der Gott unser Leben erhellt, erwärmt und ermuntert. Der Sinn des Sonntag ist also ein Ruhen in Gottes Liebe. Erst im Innehalten auf dieser Lichtung der Zeit kann Gottes Liebe ihre Wärme voll entfalten. Zur Mitte zu gelangen, sich in der Liebe zu verankern, im Ja Gottes auftanken: Dazu also könnte der Holzweg Sonntag gut sein!

Sonntag feiern heißt daher, sich Zeit für Gott zu nehmen, selbst an einem anderen Tag! Sonntag feiern heißt in die Ruhe einzukehren, in der Gott, sein Wort zu mir sprechen kann. Sonntag feiern heißt einen Tag freihalten, damit Gott in seiner Liebe an mir arbeiten kann. Das ist sein Gottesdienst!

Der Sonntag als Quelle des Lebens

EG 165,1.4.6

Gott ist gegenwärtig. Lasset uns anbeten
und in Ehrfurcht vor ihn treten.
Gott ist in der Mitte. Alles in uns schweige
und sich innigst vor ihm beuge.
Wer ihn kennt, wer ihn nennt,
schlag die Augen nieder;
kommt, ergebt euch wieder.

Majestätisch Wesen, möcht ich recht dich preisen
und im Geist dir Dienst erweisen.
Möchte ich wie die Engel immer vor dir stehen
und dich gegenwärtig sehen.
Laß mich dir für und für
trachten zu gefallen,
liebster Gott, in allem.

Du durchdringest alles, laß dein schönstes Lichte,
Herr berühren mein Gesichte.
Wie die zarten Blumen willig sich entfalten
und der Sonne stille halten,
Laß mich so still und froh
deine Strahlen fassen
und dich wirken lassen.

Ohne Sonne kein Leben und keine Erkenntnis

Die Sonne ist Zentrum unseres Sonnensystems. Alles dreht sich um sie. Darin ist sie Symbol auch für den Sonntag, der ihr gleich als Mitte die sechs Wochentage um sich schart. So gibt er jedem Tag seinen eigenen Glanz. Und deswegen sollte auch jeder Alltag seine Sonntagsmomente haben, Zeiten, in denen einer, eine innehält und sich von Gott erleuchten lässt.

Doch was ist die Sonne des Sonntags? Die Liebe, die Gott selbst in seinem Wesen ist! Um sie dreht sich die gesamte Welt. Zwar neigt das Herz des Menschen dazu, sich andere Mittelpunkte zu suchen. Aber wie es nur eine Sonne gibt, so gibt es nur eine wahre Mitte des Seins: die Liebe, die Gott selbst ist! Alle anderen, selbstgewählten Mitten sind nach alter Sprache Abgötter; d.h. sie haben keinen Grund in der Wirklichkeit und müssen früher oder später versagen!

Gottes Liebe ist unsere Lebenssonne. Wie die Sonne die Erde erwärmt und Leben auf ihr ermöglicht, so erwärmt die unendliche Güte Gottes das Herz des Menschen. Sein unsichtbares Ja durchdringt die ganze Schöpfung. In jeder Liebe, in jeder Freundlichkeit, in jedem Lachen, in jedem Glück erwärmt er unser Leben. Alle Menschen ohne Ansehen der Person! Denn Jesus lehrt, dass Gott seine Sonne aufgehen lässt über Gute und Böse.

Im Höhlengleichnis vergleicht Platon sie mit der höchsten aller Ideen, dem Sein alles Seienden, der Idee des Guten! Denn sie belebt und erwärmt nicht nur, sondern ist Quelle des Lichts und damit Grund aller Erkenntnis. Ohne sie könnte kein Mensch sehen. Und ohne Sehen gäbe es keinerlei Einsicht. Deswegen heißt es: „Mir geht ein Licht auf." Oder man spricht davon, dass einer plötzlich erleuchtet wird. Das Sehen ist ein uraltes Symbol für die innere Erkenntnis. Biblisch: Gottes heiliger Geist ist die unsichtbare Sonne in meinem Denken. Er allein macht Gotteserkenntnis möglich!

Wer das Geheimnis dieser Liebe auch nur ansatzweise erkennt und erfährt, in dem werden Ehrfurcht, Lobgesang und Anbetung wach: „Majestätisch Wesen, möchte ich recht dich preisen und im Geist dir Dienst erweisen", bekennt Tersteegen.

Du mein Ursprung und mein Ziel

Der Sonntag als erster und letzter Tag der Woche

Joh 1,1-14

Im Anfang war das Wort, und das Wort war bei Gott, und Gott war das Wort. Dasselbe war im Anfang bei Gott. Alle Dinge sind durch dasselbe gemacht, und ohne dasselbe ist nichts gemacht, was gemacht ist. In ihm war das Leben, und das Leben war das Licht der Menschen. Und das Licht scheint in der Finsternis, und die Finsternis hat's nicht ergriffen.

Es war ein Mensch, von Gott gesandt, der hieß Johannes. Der kam zum Zeugnis, um von dem Licht zu zeugen, damit sie alle durch ihn glaubten. Er war nicht das Licht, sondern er sollte zeugen von dem Licht. Das war das wahre Licht, das alle Menschen erleuchtet, die in diese Welt kommen. Er war in der Welt, und die Welt ist durch ihn gemacht; aber die Welt erkannte ihn nicht.

Er kam in sein Eigentum; und die Seinen nahmen ihn nicht auf. Wie viele ihn aber aufnahmen, denen gab er Macht, Gottes Kinder zu werden, denen, die an seinen Namen glauben, die nicht aus dem Blut noch aus dem Willen des Fleisches noch aus dem Willen eines Mannes, sondern von Gott geboren sind. Und das Wort ward Fleisch und wohnte unter uns, und wir sahen seine Herrlichkeit, eine Herrlichkeit als des eingeborenen Sohnes vom Vater, voller Gnade und Wahrheit.

Hebr 12,1f

Darum auch wir: Weil wir eine solche Wolke von Zeugen um uns haben, laßt uns ablegen alles, was uns beschwert, und die Sünde, die uns ständig umstrickt, und laßt uns laufen mit Geduld in dem Kampf, der uns bestimmt ist, und aufsehen zu Jesus, dem Anfänger und Vollender des Glaubens ...

Zwischen den Zeiten

Ein zwiespältiges Lebensgefühl bestimmt so manchen Sonntag. Einerseits gehört er für viele noch richtig zum Wochenende. Noch einmal ausruhen! Vielleicht steigt dabei schon eine leise Trauer auf. Das schöne Wochenende mit seiner goldenen Freiheit geht zuende. Aber es kann sonntags auch schon im Inneren zu arbeiten beginnen: „Was werde ich am Montag als erstes in Angriff nehmen? Wen muss ich noch anrufen? Wie begegne ich meinem Kollegen?“ Solche und andere Gedanken um die neue Woche beginnen im Kopf zu kreisen.

Ende und Anfang in einem Tag. Der Sonntag steht gleichsam dazwischen: Er vollendet das Wochenende, wie Gott seine Schöpfung vollendet. Und aus ihm entspringt zugleich die neue Woche! Sie ist Beginn erneuten Schaffens. Beide Bedeutungen finden sich in der Tradition dieses Feiertags. Für die Christen ist er der erste Tag der Woche. Kraft der Auferstehung beginnt mit ihm das Neue, denn alles entsteht aus dem Geist. Wie der Schöpfer vor der Schöpfung steht, so der Geist und die Erkenntnis vor der Tat. Für die Juden dagegen ist er der letzte Tag der Woche. Der Tag, an dem Gott selbst von seinen Werken ruht.

So steht der Sonntag zwischen, ja jenseits der Zeiten! Das muss auch so sein. Denn als Tag der Ewigkeit ist er Anfang und Ende zugleich. Wie ein Kreis in sich geschlossen weder Anfang noch Ende kennt, so ist Gottes Ewigkeit. Ohne Anfang und ohne Ende ist sie in sich ruhende Bewegung. Für alles aber, was Anfang und Ende hat, gilt: Es nimmt in Gott seinen Anfang; er ist der Ursprung. Und alles wird zu Gott zurückkehren; denn er ist Ziel und Vollendung aller Dinge.

Der Sonntag steht für Geheimnis der Schöpfung, in deren Mitte wir leben. Christus selbst ist das Wort, das „in allen Dingen klingt“, wie Joseph Eichendorff dichtet. Er ist unsichtbar verborgen in jedem Anfang und jeder Vollendung. So will dieser Feiertag das Staunen über das Werden der Wirklichkeit wachrufen. Solches Staunen macht das Herz weit und befreit zum Lobgesang: „Christus, du Wort und Geist in allem, du Quelle des Lebens, Löser seiner Rätsel.“

Der Sonntag als Auferstehungstag

Jes 60,19f

Die Sonne soll nicht mehr dein Licht sein am Tage, und der Glanz des Mondes soll dir nicht mehr leuchten, sondern der HERR wird dein ewiges Licht und dein Gott wird dein Glanz sein. Deine Sonne wird nicht mehr untergehen und dein Mond nicht den Schein verlieren; denn der HERR wird dein ewiges Licht sein, und die Tage deines Leidens sollen ein Ende haben.

I Kor 15,41-43

Einen andern Glanz hat die Sonne, einen andern Glanz hat der Mond, einen andern Glanz haben die Sterne; denn ein Stern unterscheidet sich vom andern durch seinen Glanz. So auch die Auferstehung der Toten. Es wird gesät verweslich und wird auferstehen unverweslich. Es wird gesät in Niedrigkeit und wird auferstehen in Herrlichkeit. Es wird gesät in Armseligkeit und wird auferstehen in Kraft.

I Kor 5,17

Darum: Ist jemand in Christus, so ist er eine neue Kreatur; das Alte ist vergangen, siehe, Neues ist geworden.

Gott verklärt das ewig Alte

Das Leben des Menschen ist von Sorge und Angst geprägt. Es ist ein beständiges Sein zum Tode, wie die Existentialisten schonungslos aufdecken. Das ist die bittere Einsicht, die mit dem Gift der alten Schlange in der Welt kam. Ich bin nun Herr meines Lebens. Ich kann erkennen, was gut und böse ist. Aber damit verurteile ich das natürliche Vergehen als Vergänglichkeit. Seither begleiten den Menschen Sorge und Angst (Joh 16,31): „In der Welt habt ihr Angst, aber seid getrost, ich habe die Welt überwunden."

Die Angst und ihre Folgen machen hart und widerständig. Als Jesus seinen Leidensweg offenbart, will Petrus ihn davon abhalten. Als sein Leben in Gefahr gerät, verleugnet dieser unter Schwüren seinen Herrn. Und als Jesus am Kreuz stirbt, da verlassen ihn die Jünger alle und fliehen. Sobald das Leben seine dunkle Seite zeigt, wenden wir Menschen uns ab. Wir versuchen, den Schatten, das Dunkel, das Leiden wegzuschieben, es zu bekämpfen oder zu verdrängen.

Angesichts der Todesschatten zeugt der Sonntag von einer anderen Wirklichkeit. Weder Vergänglichkeit noch Tod können umgangen werden. Aber sie können verwandelt und verklärt werden. Das erfuhren die Jünger in der Begegnung mit dem Auferstandenen. Statt Furcht und Zittern hinter verschlossenen Türen herrscht nun Lebensfreude und Bekennermut! Sie sind sich gewiss: Niemand wird im Tod bleiben! Denn was in der Beziehung auf sich selbst so hoffnungslos erscheint, verändert sich in Beziehung zu Gott. In ihr wandeln sich Sein und Bewusstsein. Nicht Schatten, Vergänglichkeit und Tod, sondern Auferstehung, Licht und Leben gründen die Existenz!

Kein absolutes Ende also, sondern alles Enden verklärt sich in Gottes neuen Anfang! Auf neue Weise ist der Auferstandene unter seinen Jüngern. Er lebt in der Realität des Geistes, der die Vergänglichkeit überwindet. Er lebt in der Wirklichkeit, die alle irdischen Grenzen sprengt. So stellt der Sonntag in den Horizont von Zuversicht und Hoffnung: Die Mitte der Nacht ist der Anfang des neuen Tages!

Du bist meine Seligkeit

Das dritte Gebot

Du sollst den Feiertag heiligen.

KK: Was ist das?

Wir sollen Gott fürchten und lieben,
daß wir die Predigt und sein Wort nicht verachten,
sondern dasselbe heilig halten, gern hören und lernen.

Ex 20,8-11

Gedenke des Sabbattages, daß du ihn heiligest. Sechs Tage sollst du arbeiten und alle deine Werke tun. Aber am siebenten Tage ist der Sabbat des HERRN, deines Gottes. Da sollst du keine Arbeit tun, auch nicht dein Sohn, deine Tochter, dein Knecht, deine Magd, dein Vieh, auch nicht dein Fremdling, der in deiner Stadt lebt. Denn in sechs Tagen hat der HERR Himmel und Erde gemacht und das Meer und alles, was darinnen ist, und ruhte am siebenten Tage. Darum segnete der HERR den Sabbattag und heiligte ihn.

Hebr 4,9-11

Es ist also noch eine Ruhe vorhanden für das Volk Gottes. Denn wer zu Gottes Ruhe gekommen ist, der ruht auch von seinen Werken so wie Gott von den seinen. So laßt uns nun bemüht sein, zu dieser Ruhe zu kommen.

Die Seligkeit des Schönen

Der Sonntag ist ein Feiertag. Geboten ist die Ruhe von der Arbeit. Denn sonntags ist Zeit des Gottesdienstes, Leben aus dem Wort Gottes! Doch hinter dem Sonntag steht mehr. Er ist seit alters her der Ruhetag Gottes, der göttliche Sabbat: Wie Gott nach sechs schöpferischen Tagen am siebenten ruhte, so soll auch der Mensch ausruhen und neuen Atmen holen.

Diese Ruhe wird äußerlich nur durch das Gesetz aufgezwungen. Aber es gibt eine innere Ruhe, die einen ganz anderen Ursprung hat. Wenn etwas wirklich vollendet ist, dann bedarf es keiner weiteren Mühe mehr. Es ist fertig, abgeschlossen, vollkommen! Jeder Versuch es zu verbessern wirft hinter das Vollkommene zurück. In seiner Vollkommenheit ruht das Vollendete in sich selbst. Das meint Eduard Mörike mit seinem Dichterwort: „Was aber schön ist, selig scheint es in ihm selbst."

Wer diese Dimension der Schöpfung erreicht, erfährt die Sabbatruhe Gottes von innen. Sie ist Seligkeit der Vollendung, losgelöst von Mühe und Arbeit! Aber sie ist kein Stillstand und keine Erstarrung; sondern wie ein in sich geschlossenen Kreis geht die Schönheit in sich selbst über, lebendig in sich selbst!

Mit der Vollendung ist es wie mit einem Bildhauer. Vom rohen Steinklotz entfernt er Schlag um Schlag, Splitter um Splitter alles Überflüssige. So schält er aus dem Inneren des Steinblocks eine Figur heraus. Dann kommt das Feilen und Schleifen, bis sein Werk vollendet ist. Irgendwann kann er nichts mehr verbessern. Vollendet löst sich das Kunstwerk von ihm ab und spiegelt die Schönheit des Vollkommenen.

Doch auch jenseits solcher Gipfel kann jemand aus der Unruhe seines Lebens in diese Vollendung eintauchen. Denn bei Gott ist schon vollendet, was bei uns noch im Werden ist. Jesus zog sich mit seinen Jünger aus dem Trubel an eine einsame Stelle zurück (Mk 6,31): „Ruhet ein wenig!" Weil er wusste, dass bei Gott schon alles vollendet ist, konnte er seinem Schaffen innehalten. Er ruhte in Gottes Wirken und Vollenden! Einübung in die Gelassenheit durch den Glauben an Gottes Vollendung will jede Sonntagsruhe sein. Aus solcher Ruhe wächst die Kraft, eine neue Woche in Angriff zu nehmen.

Der Abschluss des Vaterunsers

DENN DEIN IST DAS REICH UND DIE KRAFT UND DIE HERRLICHKEIT IN EWIGKEIT. AMEN.

KK: Daß ich soll gewiß sein, solche Bitten sind dem Vater im Himmel angenehm und erhöret. Denn er selbst hat uns geboten, also zu beten, und verheißen, daß er uns will erhören. Amen, Amen, das heißt: Ja, ja, es soll also geschehen.

Wachet auf 161,1-4[26]

Nun gib uns Pilgern aus der Quelle
der Gottesstadt den frischen Trank,
laß über der Gemeinde helle
aufgehn dein Wort zu Lob und Dank.

Gib deiner Liebe Lichtgedanken
mit Vollmacht uns in Herz und Mund,
mach, woran Leib und Seele kranken,
durch deine Wunderhand gesund.

Schließ auf, Herr, über Kampf und Sorgen
das Friedenstor der Ewigkeit!
In Deine Burg sind wir geborgen,
zum Kampf gestählt, zum Dienst bereit.

Zeig uns dein königliches Walten,
bring Angst und Zweifel selbst zur Ruh.
Du wirst allein ganz recht behalten:
Herr, mach uns still und rede du!

Leben im Lobgesang

Sobald ein Mensch zur Erde blickt, wird er durch das bedrängend Unvollkommene eingefangen. Wohin sich auch immer sein Auge sich richtet, alles Sichtbare wirft auch seine Schatten. Wer das Seiende wahrnimmt, wird daran zugleich auch des Nichtseienden gewahr! Ambivalent ist daher unsere Welterfahrung. Jedes Glück wird vom drohenden Unglück begleitet. Und jede Freude muss mit kommendem Leid rechnen.

Der Sonntag will dagegen den Blick des Menschen zum Himmel erheben. Beten heißt aufsehen auf Gott! Davon zeugt der Schluss des Vaterunsers. Nachdem ein Beter alle Bedürfnisse und Nöte seines Daseins durchschritt, erhebt er seinen Blick zu dem Vater, von dem sein Bitten ausging: „Du, mein guter Gott und Vater bist die Mitte meines Lebens! Deine Liebe glänzt wie die Sonne. Sie überstrahlt alle Verzagtheit, allen Kleinmut und kann selbst die Verzweiflung aufhellen."

Betend erfährt ein Mensch so inmitten der Zeit Ewigkeit. Nicht Weltflucht ist das oder gar „Opium für das Volk", als wolle ein Beter der irdischen Wirklichkeit entfliehen. Sondern im Beten kehrt er um. Nicht mehr dem Beschienenem ist sein Auge zugewandt, sondern dem Scheinenden. Das Licht selbst ist ohne jeden Schatten (I Joh 1,5): „Gott ist Licht, und in ihm ist keine Finsternis." Wenn ein Mensch sich so Gott zuwendet, wird sein Herz weit und voller Lobgesang. Das macht tüchtig für den Alltag.

„Denn dein ist das Reich!" Trotz himmelschreiender Ungerechtigkeiten und bitterster Leiden kann mir im Beten kann die Herrschaft der Liebe offenbar werden.

„Und dein ist die Kraft!" Trotz kräftezehrender Wirklichkeit kann ich im Beten Gott als Motor des Werdens entdecken. Er ist das Leben in mir, das niemals stillsteht. Im Aufblick zu Gott offenbart sich das Geheimnis aller Kraft: der Geist der Liebe!

„Und die Herrlichkeit!" Trotz aller Unfreiheiten kann Gott sich selbst als Grund der Wirklichkeit offenbaren. Das ist seine Herrlichkeit! Zu ihm als Herrn gehört die Herrlichkeit seiner ungetrübten Liebe. Und das „in Ewigkeit. Amen!"

II Die sechs Säulen des Alltags

1 | Die erste Säule am Montag: Die zehn Gebote

Ohne Gesetze würde der Kosmos in Chaos versinken. Ohne Gesetze fänden Menschen keine Ruhe und keinen Frieden. Und mehr noch: Wer sich nicht am Gesetz wund reibt, wird das Evangelium kaum erfahren können. So leistet das Gesetz dreierlei: Ordnung der Welt, Ausgewogenheit des Handelns und Einsicht in die Grenzen menschlicher Möglichkeiten. Damit beginnt montags die Woche.

Der Mond – lateinisch Luna, die Mondgöttin – gibt diesem Tag den Namen. Er symbolisiert den Wandel, das Werden. Nach Sonne der Ewigkeit am Sonntag nun ein leuchtendes Symbol für die Erde, für ihr Werden und Vergehen. Eine neue Arbeitswoche voll menschlicher Taten beginnt.

Verschiedene Bedeutungen bekam der Montag in den christlichen Kirchen: Die Orthodoxie gedenkt an ihm der heiligen Engel. Die Katholiken an Christus, seine ewige Weisheit und Vollendung. Und für die Lutherische Orthodoxie steht Christus mit seiner Erlösung im Zentrum. In der neueren evangelischen Tradition ist der Montag der Arbeit gewidmet. Die Losungen gedenken des Dienstes der Kirche in aller Welt.

Dazu passt die erste Säule des Katechismus mit den zehn Geboten, dem Dekalog! Denn mit der Schöpfung werden Gesetze notwendig. Keine Wirklichkeit, aber auch kein Wirken ohne Regel und Ordnung! So erinnert der Wochenanfang an die Grenzen, in denen sich alles Leben abspielt.

Das erste und dritte Gebot finden sich beim Sonntag. Das zweite wird im Zusammenhang der ersten Bitte des Vaterunsers behandelt. Und die Gebote neun und zehn eröffnen die Ausführungen zur Taufe.

Du sprengst alle Bilder

Der Dekalog

1. Ich bin der Herr, dein Gott. Du sollst nicht andere Götter haben neben mir.
2. Du sollst den Namen des Herrn, deines Gottes, nicht unnützlich führen; denn der Herr wird den nicht ungestraft lassen, der seinen Namen mißbraucht.
3. Du sollst den Feiertag heiligen.
4. Du sollst deinen Vater und deine Mutter ehren, auf daß dir's wohlgehe und du lange lebest auf Erden.
5. Du sollst nicht töten.
6. Du sollst nicht ehebrechen.
7. Du sollst nicht stehlen
8. Du sollst nicht falsch Zeugnis reden wider deinen Nächsten.
9. Du sollst nicht begehren deines nächsten Haus.
10. Du sollst nicht begehren deines Nächsten Weib, Knecht, Magd, Vieh oder alles, was sein ist.

Ex 20,4–6

Du sollst dir kein Bildnis noch irgendein Gleichnis machen, weder von dem, was oben im Himmel, noch von dem, was unten auf Erden, noch von dem, was im Wasser unter der Erde ist: Bete sie nicht an und diene ihnen nicht! Denn ich, der HERR, dein Gott, bin ein eifernder Gott, der die Missetat der Väter heimsucht bis ins dritte und vierte Glied an den Kindern derer, die mich hassen, aber Barmherzigkeit erweist an vielen Tausenden, die mich lieben und meine Gebote halten.

Tödliche Vorstellungen

Als Mose vom Berg Gottes herabstieg, brachte er zwei Tafeln des Gesetzes mit: auf der einen die Gebote, die Gott betreffen und auf der anderen die für den Nächsten. Welches ist aber das wichtigste unter den ersten drei Gottesgeboten? Götzendienst ist vermutlich für kaum einen Heutigen eine wirkliche Versuchung. Und wer wird den Gottesnamen verunehren? Eher wird er vergessen als geschändet! Und doch bedroht die Menschheit gegenwärtig eine Verfehlung, die einer modernen Abgötterei gleicht. Denn der menschliche Verstand neigt dazu, sich fixierte Bildern zu machen. Und die können die tödlich werden!

Luther überging damals mit der katholischen Tradition das biblisch zweite Gebot, weil er Missverständnisse der Bilderstürmer vermeiden wollte, die unermessliche Kunstschätze der Kirchen im Namen dieses zweiten Gebots zerstörten. Er wusste dagegen um die Macht fixierter Vorstellungen. Hatten sie ihn doch im Kloster fast zu Tode gequält. Seine starre Vorstellung vom fordernden, richtenden Gott trieb ihn immer weiter in den Abgrund der Verzweiflung.

Mit der Neuzeit wird der Mensch äußerlich zwar gezähmter, ziviler, bürgerlicher! Aber nun verfehlt er sich und das Leben aufgrund fixierter Bilder. Verfehlte Vorstellungen von der Wirklichkeit haben schrecklichere Auswirkungen als eine verfehlte Handlung. Der jüdische Philosophen Emanuel Lévinas führt den Holocaust seines Volkes auf ein verkehrtes, fixierendes – in seinen Begriffen: ein ontologisches – Denken zurück. Die fixierte Vorstellung vom Juden im Allgemeinen wurde zur mörderischen Reduktion jedes lebendigen, einzigartigen Juden. Sie macht deren Massenvernichtung erst möglich.

Daher wird gegenwärtig das Bilderverbot zum wichtigsten Gebot des Dekalogs. Denn es deckt das Festhalten, das Fixieren von Vorstellungen auf. Zwar kann ohne Vorstellungen niemand denken und begreifen! Aber aus Angst versuchen Menschen sich damit zu sichern. Sie beginnen Vorstellungen festzuhalten. So entsteht ein tödliches, zerstörerisches Potenzial! Dagegen will uns der unendlich wandelbare Gott befreien, seine unfassliche Schöpfung mit immer neuen Augen zu sehen: Du sollst dir kein Bildnis machen!

Du gibst Segen durch die Eltern

Das vierte Gebot

Du sollst deinen Vater und deine Mutter ehren,
auf dass dir's wohlgehe und du lange lebest auf Erden.

KK: Was ist das?

Wir sollen Gott fürchten und lieben,
daß wir unsere Eltern und Herren
nicht verachten noch erzürnen,
sondern sie in Ehren halten, ihnen dienen, gehorchen,
sie lieb und wert haben.

Joh 15,1-8

Ich bin der wahre Weinstock, und mein Vater der Weingärtner. Eine jede Rebe an mir, die keine Frucht bringt, wird er wegnehmen; und eine jede, die Frucht bringt, wird er reinigen, daß sie mehr Frucht bringe. Ihr seid schon rein um des Wortes willen, das ich zu euch geredet habe. Bleibt in mir und ich in euch. Wie die Rebe keine Frucht bringen kann aus sich selbst, wenn sie nicht am Weinstock bleibt, so auch ihr nicht, wenn ihr nicht in mir bleibt. Ich bin der Weinstock, ihr seid die Reben. Wer in mir bleibt und ich in ihm, der bringt viel Frucht; denn ohne mich könnt ihr nichts tun. Wer nicht in mir bleibt, der wird weggeworfen wie eine Rebe und verdorrt, und man sammelt sie und wirft sie ins Feuer, und sie müssen brennen. Wenn ihr in mir bleibt und meine Worte in euch bleiben, werdet ihr bitten, was ihr wollt, und es wird euch widerfahren. Darin wird mein Vater verherrlicht, daß ihr viel Frucht bringt und werdet meine Jünger.

Die Kraft der Tradition

Auf Zukunft hin leben wir Menschen heute. Sich einer immer neuen, größeren, besseren Zukunft entgegenstrecken ist der Motor des Fortschritts. Dabei gerät die Herkunft allzu leicht aus dem Blick! Für die Alten war aber nichts wichtiger als die Arche, d.h. der Ursprung der Dingen. Ihm wohnt ein Zauber inne. Etwas tritt aus dem Nichts in das Dasein. Unfasslicher Übergang der Schöpfung!

Doch die Vergessenheit der Herkunft birgt Gefahren in sich. Ein Weinstock kann nicht nur seine Äste in die Weite des Himmels hinausrecken, sondern muss sich zugleich mit seinen Wurzeln in die Enge der Erde eingraben. Widersprüchliche Bewegung des einen Lebens: Höhe und Tiefe, Licht und Dunkel, Wärme und Kälte, Freiheit und Bestimmtheit! So vereint Christus die offene Zukunft mit der festgelegten Vergangenheit. Nur wer in sich den Widerspruch von Vergangenheit und Zukunft austrägt, ist wirklich lebendig.

Weil sie soviel Zukunft haben, können uns kleine Kinder das Herz stehlen! Doch anders steht es mit alten Menschen, mit Eltern. Sie haben vor allem Vergangenheit. Da steigen dunkle Erinnerungen auf. Da begegnet Altersstarrsinn. Da sehen wir den Zerfall des Körpers. Leicht sind Menschen daher geneigt, sich von dieser ihrer Herkunft abzuwenden. Aber sie ahnen dabei nicht, dass sie in Gefahr stehen, sich vom Wurzelgrund ihres Lebens abzuschneiden, ihre Arche zu verraten.

Deswegen ist uns das vierte Gebot gegeben. Wo es an natürlicher Liebe fehlt, da tritt es ein und erinnert an Vater und Mutter. Sie sind meine Herkunft, die doch ganz und gar in mir steckt: in meinen Genen, meiner Erziehung und meinem sozialen Umfeld. Gewiss bin ich ein unverwechselbares Individuum! Aber ich bin darin auch mein Vater und meine Mutter. Wenn ich sie verachte, verachte ich mich selbst!

Wer mit seinen Eltern seine Vergangenheit negiert, wird wenig Chancen seiner Zukunft ergreifen können. Deswegen ist das vierte Gebot das einzige mit einer Verheißung. Wer seine Herkunft ehrt, wird auf dieser Erde auch eine Zukunft haben! Nicht immer wird ein Mensch seine Eltern lieben können. Doch ihnen die Ehre geben, das kann er lernen!

Das fünfte Gebot

Du sollst nicht töten.

KK: Was ist das?

Wir sollen Gott fürchten und lieben,
daß wir unserm Nächsten an seinem Leibe
keinen Schaden noch Leid tun,
sondern ihm helfen und beistehen in allen Nöten.

Psalm 8,4-6

Wenn ich sehe die Himmel, deiner Finger Werk,
den Mond und die Sterne, die du bereitet hast:

> was ist der Mensch, daß du seiner gedenkst,
> und des Menschen Kind, daß du dich seiner annimmst?

Du hast ihn wenig niedriger gemacht als Gott,
mit Ehre und Herrlichkeit hast du ihn gekrönt.

Ehrfurcht vor dem Dasein

Viele sind erschüttert, dass trotz des fünften Gebots so viele grausame Kriege im Namen Gottes geführt werden. Das Alte Testament ist voll davon. Ursprünglich galt dieses Gebot jedoch nur innerhalb einer Sippe oder eines Stammes. Alle anderen Menschen waren potenzielle Feinde. Dann wuchs die Ehrfurcht vor dem Menschenleben darüber hinaus und galt dem Volk, ja einer ganzen Nation. Nur langsam wächst gegenwärtig das Verständnis für die Universalität dieses Gebots. Auf einer klein gewordenen Erde müssen wir lernen, dass es der ganzen Menschheit gilt: der unverlierbaren Würde und dem unersetzlichen Wert eines jeden! Ehrfurcht also vor jedem, sogar vor dem, der mir feindlich begegnet.

Haben wir damit den Kreis des fünften Gebots schon weit genug gezogen? Früh begriffen Lehrer der Christenheit, dass im fünften Gebot auch die Tiere eingeschlossen sind. Sie zu quälen, zu schinden oder unnütz zu töten geht wider dieses Gebot! So heilig war den Alten das Leben der Tiere, dass sie es nicht ohne ein Opfer vor Gott vergießen konnten. Ohne Altar, ohne Anbetung des Heiligen keine Schlachtung: Das gilt seit der Sintflut. Weit sind wir moderne Menschen davon abgekommen.

Doch Leben umfasst auch die Pflanzen, die bewahrt und behütet sein wollen. Ob es die Artenvielfalt ist oder der Kampf gegen das Baumsterben: Ehrfurcht vor dem Leben lehrt Albert Schweizer. Sie umfasst alles Lebendige! Der Mensch kann sich nicht rücksichtslos und nach Belieben auf Kosten anderen Lebens ausbreiten. Ja auch Ehrfurcht vor der „toten“ Natur ist geboten, vor der Landschaft, den Flussläufen und Bergen. Nicht beliebig dürfen wir sie durchbohren, aufstauen und umwandeln. Das 5. Gebot will Ehrfurcht vor allem lehren, was da ist. Ehrfurcht vor der Schöpfung!

Ehrfurcht wächst dort, wo ein Mensch wieder Staunen lernt. Und Staunen lernt er dort, wo er lieben kann. Vieles entdeckt einer beim Geliebten: dem Menschen, der mein Herz gewinnt, dem Hund, der mich so treu anblickt, der Blume, deren Blühen meinen Tag verschönt! Deswegen brachte Jesus das Liebesgebot, damit aus der Liebe das Staunen und aus dem Staunen die Ehrfurcht wachse vor den Menschen und vor allen Geschöpfen!

Das sechste Gebot

DU SOLLST NICHT EHEBRECHEN.

KK: WAS IST DAS?

Wir sollen Gott fürchten und lieben,
daß wir keusch und zuchtvoll leben
in Worten und Werken
und in der Ehe einander lieben und ehren.

Johannes 8,1-11

Jesus aber ging zum Ölberg. Und frühmorgens kam er wieder in den Tempel, und alles Volk kam zu ihm, und er setzte sich und lehrte sie. Aber die Schriftgelehrten und Pharisäer brachten eine Frau zu ihm, beim Ehebruch ergriffen, und stellten sie in die Mitte und sprachen zu ihm: Meister, diese Frau ist auf frischer Tat beim Ehebruch ergriffen worden. Mose aber hat uns im Gesetz geboten, solche Frauen zu steinigen. Was sagst du? Das sagten sie aber, ihn zu versuchen, damit sie ihn verklagen könnten. Aber Jesus bückte sich und schrieb mit dem Finger auf die Erde. Als sie nun fortfuhren, ihn zu fragen, richtete er sich auf und sprach zu ihnen: Wer unter euch ohne Sünde ist, der werfe den ersten Stein auf sie. Und er bückte sich wieder und schrieb auf die Erde. Als sie aber das hörten, gingen sie weg, einer nach dem andern, die Ältesten zuerst; und Jesus blieb allein mit der Frau, die in der Mitte stand. Jesus aber richtete sich auf und fragte sie: Wo sind sie, Frau? Hat dich niemand verdammt? Sie antwortete: Niemand, Herr. Und Jesus sprach: So verdamme ich dich auch nicht; geh hin und sündige hinfort nicht mehr.

Treue als zerbrechliches Gefäß der Liebe

Die ehrwürdige, alte Einrichtung der Ehe steckt in einer unabsehbaren Krise. In den Städten wird angeblich jede zweite Ehe geschieden; auf dem Land soll es etwas besser sein. Dennoch: Das Ideal einer einzigen, lebenslangen Liebe und Treue steht nach wie vor hoch im Kurs, ja scheint in seinem Wert ständig zu steigen. Denn Geist und Lust und Liebe – sie wollen Ewigkeit, frei nach Nietzsche „tiefe, tiefe Ewigkeit“!

Viele Kräfte zerren heute an einer Zweierbeziehung und sind für das Scheitern von so mancher Ehe verantwortlich. Der Wohlstand lindert die Folgen von Scheidungen. Die Freiheit führt in Versuchung. Die Verhütung bewahrt vor den Folgen eines Seitensprungs. Der Individualismus macht Bindungen schwer. Die Kleinfamilie bringt hohe Reibungen mit sich. Und die Komplexität zweier individuell entwickelter Menschen führt zu komplizierten Beziehungen.

Am Ende lässt das hohe Eheideal zwei Menschen an der Realität verzweifeln. Denn wer kann über Jahre hin der ideale Gesprächspartner, die leidenschaftliche Liebhaberin, der großzügige Schenker und die alles Duldende sein? Je höher das Ideal, um so bitterer die Enttäuschungen!

Die einzig tiefere Bindekraft ist demgegenüber die Liebe. Leicht wird sie damit überfordert. Dann gleicht sie einem schnell zerrinnenden Strom oder versickernden Rinnsal. Das Wasser der Liebe will daher in einem Gefäß gehütet sein, damit das kostbare Nass für Stunden der Dürre aufbewahrt wird. Ein solches Gefäß der Liebe ist die Treue, die Verlässlichkeit!

Die Untreue ist dem Zerbrechen eines Gefäßes zu vergleichen. Wie eine gesprungene Vase das Wasser nicht halten kann, so ist es, wenn das Gefäß der Treue bröckelt. Dann droht die Liebe zu zerrinnen. Denn erst die Treue gibt der Liebe eine feste Form. Treue sagten die Alten, Verlässlichkeit nennen wir es heute. Das Vertrauen des einen verdient die Verlässlichkeit des anderen. Wo sich aber dennoch ein Riss zwischen Zweien auftut, da kann nur die Vergebung heilen. Nicht schnell und leicht, gewiss! Doch hier gilt, was Manfred Hausmann sagt: „Liebende leben von der Vergebung“!

Du bewahrst mein Eigentum

Das siebente Gebot

DU SOLLST NICHT STEHLEN.

KK: WAS IST DAS?

Wir sollen Gott fürchten und lieben,
daß wir unsers Nächsten Geld oder Gut
nicht nehmen
noch mit falscher Ware oder Handel an uns bringen,
sondern ihm sein Gut und Nahrung
helfen bessern und behüten.

GK: Was bedeutet „Stehlen“? Nach Deiner Person und ehelichem Gemahl ist zeitlicher Besitz das nächste; das will Gott auch verwahrt und geboten haben, daß niemand dem Nächsten das Seine abbreche noch verkürze. Denn stehlen heißt nichts anderes, als eines andern Gut mit Unrecht an sich bringen, worin in Kürze aller eigene Vorteil zum Nachteil des Nächsten in allen Handelsgeschäften mit einbegriffen ist. Das ist nun gar ein weitläufiges, allgemeines Laster, wird aber so wenig geachtet und wahrgenommen, daß es über die Maßen ist, so daß, wo man sie alle an den Galgen hängen sollte, was Diebe sind und doch nicht heißen wollen, die Welt bald wüst werden und es an beidem, an Henkern und Galgen, fehlen sollte. Denn es soll (wie jetzt gesagt) nicht allein gestohlen heißen, daß man Schränke und Taschen ausräumt, sondern das soll auch den Markt, alle Kauf- und Fleischerläden, Wein- und Bierkeller, Werkstätten und, kurz gesagt, überall gelten, wo man hantiert, Geld für Ware oder Arbeit nimmt und gibt.

Eigentum verpflichtet

Eigentum ist das, was sich einer, eine zu eigen macht. Was zum Beispiel ein Mensch durch seiner Hände Werk schuf, gehört ihm als sein Eigentum. Oder einer erwirbt es sich, indem er seine Arbeitszeit verkauft. Einem anderen wird viel geschenkt, und es fällt ihm buchstäblich in den Schoß. Ein dritter hatte einfach Glück im Spiel des Lebens. Er tritt ein reiches Erbe an, das seine Vorfahren ihm verdienten. In jedem Eigentum stecke ich selbst; wer es mir nimmt, stiehlt etwas von mir!

Je tiefer ich mir etwas angeeignet habe, desto schmerzlicher trifft mich der Verlust. Der Verlust ersetzbaren Besitzes lässt sich im Wohlstand gewöhnlich schnell verkraften. Oft genug sind wir gut dagegen versichert. Aber wenn mir etwas besonders Liebes genommen wird, dann ist der zugefügte Schaden unersetzlich. Darum will das siebte Gebot den Menschen in seinem Eigentum schützen.

Die Versuchung ist groß, dort zu ernten, wo man nicht gesät hat. Leichtfertig lässt einer etwas mitgehen, was ein anderer scheinbar im Überfluss hat. Andere wenden große Mühe an, ja sie nehmen sich mit Gewalt, was ihnen nicht gehört. Wieder andere bringen fremdes Eigentum mit List und Tücke an sich. Das geht nur, wenn der andere mir egal ist. Je mehr ich ihn dagegen in seiner Eigenheit erkenne und ehre, desto mehr achte ich auch sein Eigentum. Die Freiheit in unserer Kultur ruht auf dieser Achtung!

Sobald jedoch ein Teil der Menschen arm, bitterarm ist und der andere überreich, wird die Gemeinschaft brüchig. Es fehlt die Solidarität. Dann holen sich die Armen mit Gewalt etwas von dem, was andere zu viel haben! Zwar kann man das Eigene schützen. Diebstahlssicherungen, Mauern, Wächter und Polizei werden in ärmeren Ländern zum Schutz der Reicheren notwendig. Aber eine wirkliche Abhilfe ist das nicht!

Eigentum verpflichtet daher, es auch für andere einzusetzen. Gaben sind zum Geben da! Meine Habe ist mir gegeben, um damit anderen zu nutzen, zu helfen und mich so in das Ganze einer Gemeinschaft einzufügen. Sonst könnte mein übergroßer Reichtum zum Diebstahl werden an denen, die zum Leben zu wenig haben.

Du willst Wahrheit nichts als Wahrheit

Das achte Gebot

Du sollst nicht falsch Zeugnis reden wider deinen Nächsten.

KK: Was ist das?

Wir sollen Gott fürchten und lieben,
daß wir unsern Nächsten nicht belügen,
verraten, verleumden oder seinen Ruf verderben,
sondern sollen ihn entschuldigen,
Gutes von ihm reden
und alles zum besten kehren.

Jak 3,2-10

Denn wir verfehlen uns alle mannigfaltig. Wer sich aber im Wort nicht verfehlt, der ist ein vollkommener Mann und kann auch den ganzen Leib im Zaum halten. Wenn wir den Pferden den Zaum ins Maul legen, damit sie uns gehorchen, so lenken wir ihren ganzen Leib. Siehe, auch die Schiffe, obwohl sie so groß sind und von starken Winden getrieben werden, werden sie doch gelenkt mit einem kleinen Ruder, wohin der will, der es führt. So ist auch die Zunge ein kleines Glied und richtet große Dinge an. Siehe, ein kleines Feuer, welch einen Wald zündet's an! Auch die Zunge ist ein Feuer, eine Welt voll Ungerechtigkeit. So ist die Zunge unter unsern Gliedern: sie befleckt den ganzen Leib und zündet die ganze Welt an und ist selbst von der Hölle entzündet. Denn jede Art von Tieren und Vögeln und Schlangen und Seetieren wird gezähmt und ist gezähmt vom Menschen, aber die Zunge kann kein Mensch zähmen, das unruhige Übel, voll tödlichen Giftes. Mit ihr loben wir den Herrn und Vater, und mit ihr fluchen wir den Menschen, die nach dem Bilde Gottes gemacht sind.

Gefährliche Worte

In der Sprache erleben Menschen das Wunder des Geistes! Sie verstehen sich, sich können sich mitteilen, ja sie können einig werden. Doch eben dieselbe Sprache, die so gute Worte weitergeben kann und in himmlische Höhen zu erheben vermag, kann auch in höllische Tiefen werfen durch böse Worte. Unsichtbar ist der Geist. Deswegen kann man mit Worten vieles in den Raum stellen. Und schon ist ein falsches Zeugnis gesagt!

Vieles kann einer über den anderen behaupten, das keinerlei Grund in der Wirklichkeit hat. Jemand kann bewusst täuschen und lügen, um zu schädigen, zu kränken oder gar zu vernichten. „Wahrheiten" über eine Person, einen Menschen sagen, ist eine hochgefährliche Sache!

Die übelste Form der Vernichtung einer Existenz ist der Meineid vor Gericht. Das ist der elementare Sinn des achten Gebots. Niemand soll mit Worten falsche Tatbestände vorspiegeln, für die ein anderer unschuldig bittere Konsequenzen tragen muss.

Aber nicht weniger schlimm ist der Rufmord. Da kann einer den anderen durch Gerede und Gerüchte um seinen guten Ruf bringen. Der zuvor einen guten Platz in der Gemeinschaft einnahm, muss sich nun mit der Haltlosigkeit übler Nachrede und böser Gerüchte plagen.

Wie viele Menschen haben mit Kränkungen zu tun, die leichtfertige Worte hinterließen. Vieles ist so schnell gesagt, dahingesagt! Worte kosten nichts! Aber sie können einem anderen lange zu schaffen machen, weil sie in die Tiefe dringen. Nein, Worte haben eine gefährliche Macht; und schwer sind Gerüchte wieder zurückzuholen.

Die Wirklichkeit nicht mit Worten verdrehen, will Gott mit seinem achten Gebot verhindern. Positiv gesagt: Ich soll das Gewicht von Worten erkennen und deshalb abwägen, was ich sage. Ehrfurcht vor dem Wort, der Sprache, dem Geist! Ehrfurcht aber auch vor dem anderen, der von Gott geschaffen und geliebt ist. Beides wächst in der Begegnung mit dem Gott, der durch sein Wort die Welten schuf, der selbst als Wort in diese Welt hineinkam und der den Geist der guten Worte, seinen heiligen Geist in uns Menschen hineinlegt.

Du bist Liebe ohnegleichen

Das Doppelgebot der Liebe

Mk 12,29ff

Das höchste Gebot aber ist das: „Höre Israel, der Herr, unser Gott, ist der Herr allein, und du sollst den Herrn, deinen Gott, lieben von ganzem Herzen, von ganzer Seele, von ganzem Gemüt und von allen deinen Kräften“. Das andre ist dies: „Du sollst deinen Nächsten liebe wie dich selbst“. Es ist kein anderes Gebot größer als diese.

EG 400,1.3

Ich will dich lieben, meine Stärke, ich will dich lieben, meine Zier;
ich will dich lieben mit dem Werke und immerwährender Begier.
Ich will dich lieben, schönstes Licht, bis mir das Herze bricht.

Ach, daß ich dich so spät erkannte, du hochgelobte Schönheit du,
daß ich nicht eher mein dich nannte, du höchstes Gut und wahre Ruh;
es ist mir leid, ich bin betrübt, daß ich so spät geliebt.

EG 401,1

Liebe die du mich zum Bilde deiner Gottheit hast gemacht,
Liebe die du mich so milde nach dem Fall hast wiederbracht:
Liebe dir ergeb ich mich, dein zu bleiben ewiglich.

EG 413, 3+4

Die Lieb nimmt sich des Nächsten an, sie hilft und dienet jedermann;
gutwillig ist sie allezeit, sie lehrt, sie straft, sie gibt und leiht.

Ein Christ seim Nächsten hilft aus Not, tut solchs zu Ehren seinem Gott.
Was seine rechte Hand reicht dar, des wird die linke nicht gewahr.

Die dreifach gebotene Liebe

Als Mose vom Berg Gottes herabstieg, hatte er nach der Überlieferung zwei Tafeln in seinen Händen, die eine mit den ersten drei Geboten, die Gott betreffen und die andere mit den übrigen, die dem Nächsten gelten. Schon früh wurde diese Zweiteilung nochmals zusammengefasst im Doppelgebot der Liebe. Sie lehrt Jesus im Neuen Testament: Liebe zu Gott und Liebe zum Nächsten. Darin besteht das ganze Gesetz!

Doch indirekt steckt im Liebesgebot noch ein drittes. Ein Dreifachgebot müsste es daher heißen! Denn die Gottes- und Nächstenliebe wird an der Selbstliebe gemessen. Ich soll die anderen lieben wie mich selbst! So wird die Selbstliebe zur Voraussetzung der Liebe schlechthin.

Nur wer sich selbst lieben kann, wird auch andere lieben lernen. Jede Flucht in die Liebe zu anderen – sei es die zu Gott oder zu den Menschen – wird zur Lebenslüge, wenn ein Mensch noch nicht einmal sich selbst lieben, annehmen, bejahen kann. Das gilt auch, wenn er erst im Spiegel der Liebe Anderer sich selbst zu entdecken, ja zu lieben beginnt.

Nun sollte man meinen, nichts sei leichter als sich selbst zu lieben. Und so will es scheinen, wenn Liebe hieße, einfach die Zügel fahren und seiner Lebenslust freien Lauf zu lassen. Doch leicht endet solche Selbstliebe in der Selbstbeschädigung. Philipp Jakob Spener nannte sie daher eine unordentliche Form der Selbstliebe!

Nichts also leichter als sich selbst zu lieben? Ernsthaft betrachtet ist es doch genau umgekehrt: Nichts ist schwerer als sich selbst zu lieben! Niemand kennt sich so gut wie jeder sich selbst, seine hohen Ideale, guten Vorsätze, glücklichen Stunden! Aber auch seine dunklen Gedanken, hässlichen Triebe, feigen Ausflüchte! Mir selbst bin ich offenbar und soll mich doch lieben? Unmöglich!

Darüber hinaus: Der Liebe kann man nicht gebieten! Sie atmet die Luft der Freiheit! Das Herz lässt sich nichts vorschreiben. Die Lösung liegt daher im Evangelium. Nur als Geliebte Gottes lernen Menschen lieben, sich selbst, den Nächsten und Gott; denn von Gottes Liebe wurden sie zuvor entzündet.

2 | Die zweite Säule am Dienstag: Der Glaube

Während das Gesetz am Montag die Grenzen des Lebens bewusst macht, wendet sich der Glaube am Dienstag der Mitte des Lebens zu. Im Glaubenbekenntnis bekennen sich Christen zum dreieinigen Gott. Glauben heißt ihm vertrauen und so mit ihm verbunden sein. Er ist die Quelle des Lebens!

In der römischen Religion ist der Dienstag dem Kriegsgott Mars gewidmet. Von daher stammt vermutlich das Thema Glaubenskampf für diesen Tag! Er schützt nach alter Überlieferung Gemeinde und Grenzen. Er ist als Vater von Romulus und Remus der Stammvater Roms. Als germanischer Kriegsgott Tiwasz-Dingsaz gibt er dem Dienstag seinen deutschen Namen.

Die orthodoxe Kirche erinnert sich dienstags an Johannes den Täufer, den Vorkämpfer der Wahrheit. Bei den Katholiken steht der heilige Geist und die Glaubensverbreitung im Zentrum. Die Lutherische Orthodoxie gedachte der Heiligung. In der neueren evangelischen Tradition geht es am Dienstag besonders um den angefochtenen, d.h. den umkämpften Glauben. Kampf und Glaube sind also schon lange mit diesem Tag verbunden. Die Losungen gedenken der Familie, der Schule und des Berufs.

Daher passt der Glaube als zweite Säule des Katechismus nahtlos in die mit dem Dienstag verbundenen Traditionen: der Glaube an den dreieinigen Gott, Vater, Sohn und Heiliger Geist. Denn so bekennen Christen ihn nach dem apostolischen Glaubensbekenntnis!

Dir gehört mein Herz Dreiein'ger Gott

Das Apostolische Glaubensbekenntnis

Ich glaube an Gott den Vater,
den Allmächtigen, den Schöpfer des Himmels und der Erde.

Und an Jesus Christus,
seinen eingeborenen Sohn, unsern Herrn,
empfangen durch den Heiligen Geist,
geboren von der Jungfrau Maria,
gelitten unter Pontius Pilatus,
gekreuzigt, gestorben und begraben,
hinabgestiegen in das Reich des Todes,
am dritten Tage auferstanden von den Toten,
aufgefahren in den Himmel,
er sitzt zur Rechten Gottes, des allmächtigen Vaters,
von dort wird er kommen,
zu richten die Lebenden und die Toten.

Ich glaube an den Heiligen Geist,
die heilige christliche Kirche,
Gemeinschaft der Heiligen,
Vergebung der Sünden,
Auferstehung der Toten
und das ewige Leben. Amen.

Röm 4,16

[Abraham] ist unser aller Vater ... vor Gott, dem er geglaubt hat, der die Toten lebendig macht und ruft das, was nicht ist, daß es sei. Er hat geglaubt auf Hoffnung, wo nichts zu hoffen war, daß er der Vater vieler Völker werde ...

Religion ist Sache des Herzens

Gibt es zwei Arten von Menschen, Gläubige und Ungläubige? Vertrauende und auf sich selbst Gestellte? Abhängige und Selbständige? Nein, vor Gott sind alle Menschen gleich, auch im Glauben! Jeder glaubt, fragt sich nur an was!

Der Mensch hat nach alter Lehre drei Zentren: den Kopf und mit ihm die Wissenschaft, das Herz und mit ihm die Religion und den Bauch und mit ihm die Existenz. Die Religion ist daher weder eine Kopf- noch eine Bauchsache; sie ist zuerst und vor allem eine Herzenssache. Nirgends wird das deutlicher als bei Luthers Erklärung zum ersten Gebot: „Woran du nun (sage ich) Dein Herz hängst und Dich darauf verlässt, das ist eigentlich Dein Gott."

Also gibt es keinen Menschen ohne Religion, d.h. ohne Glauben. Sondern jeder offenbart seine Religion mit dem, woran sein Herz hängt. Nun wären vermutlich viele einig, dass niemand sein Herz an vergängliche Dinge wie Haus, Geld oder einen geliebten Menschen hängen sollte. Zu schnell kann ihm dann durch Unglück, Schicksal oder Verrat das Herz gebrochen werden.

Doch welcher von den ehrwürdigen, seit Jahrtausenden existierenden Religionen soll einer sein Herz schenken? Da hilft mir das Gleichnis weiter: Die verschiedenen Religionen gleichen Dörfern am Fuße eines Bergmassivs, von denen je ein Weg zum höchsten Gipfel führt. Nun könnte einer rund um den Berg wandern, die Verschiedenheit der Dörfer untersuchen und sich überlegen, wie er wohl am bequemsten zum Gipfel käme. Aber so würde er sich niemals dem Gipfel nähern. Er muss schon von einem Dorf aus den Weg zum Gipfel zu beschreiten. Glauben heißt, dass sich jemand auf einen Weg einlässt. Auf ihm einmal angekommen hat er alles, was es an Glück und Seligkeit gibt und muss nicht noch einen anderen Weg zum Gipfel suchen. Bezeugen kann er nur, was er auf seinem Weg erlebt! Im Glaubensbekenntnis bekennen Christen den einzigartigen Weg, der sie zur Versöhnung mit Gott führt. Wer ihn geht, erfährt Letztgültiges. Und nur das kann er weitergeben. Was mit den anderen ist? „Worüber einer nicht reden kann, darüber soll er schweigen!", sagt ein großer Philosoph sinngemäß.

Das Nizänische Glaubenbekenntnis

Wir glauben an den einen Gott, den Vater, den Allmächtigen, der alles geschaffen hat, Himmel und Erde, die sichtbare und die unsichtbare Welt.

Und an den einen Herrn Jesus Christus, Gottes eingeborenen Sohn, aus dem Vater geboren vor aller Zeit: Gott von Gott, Licht von Licht, wahrer Gott vom wahren Gott, gezeugt, nicht geschaffen, eines Wesens mit dem Vater; durch ihn ist alles geschaffen. Für uns Menschen und zu unserem Heil ist er vom Himmel gekommen, hat Fleisch angenommen durch den Heiligen Geist von der Jungfrau Maria und ist Mensch geworden. Er wurde für uns gekreuzigt unter Pontius Pilatus, hat gelitten und ist begraben worden, ist am dritten Tag auferstanden nach der Schrift und aufgefahren in den Himmel. Er sitzt zur Rechten des Vaters und wird wiederkommen in Herrlichkeit, zu richten die Lebenden und die Toten; seiner Herrschaft wird kein Ende sein.

Und an den Heiligen Geist, der Herr ist und uns lebendig macht, der aus dem Vater und dem Sohn hervorgeht, der mit dem Vater und dem Sohn angebetet und verherrlicht wird, der gesprochen hat durch die Propheten. Und an die eine, heilige, allgemeine und apostolische Kirche. Ich bekenne eine Taufe zur Vergebung der Sünden. Ich erwarte die Auferstehung der Toten und das Ende der kommenden Welt.

Amen.

Das Geheimnis des Geistes

„Ich glaube an Gott Vater, Sohn und Heiligen Geist," so bekennen Christen Sonntag für Sonntag ihren Glauben. Doch wie passt das Bekenntnis zur Trinität in den Kopf hinein? „Nur einmal hätte es für ihn im Konfirmandenunterricht spannend werden können," erzählt der berühmte Psychotherapeut C. G. Jung. „Ich hatte in unserem Konfirmandenbuch schon weit vorgeblättert und war dabei auf das Kapitel von der Trinität ... gestoßen. Ich freute mich, wie mein Vater im Laufe des Unterrichts diesem Kapitel immer näher kam. Aber dann die Enttäuschung. Als wir das besagte Kapitel erreichten, sagte er: ‚Davon versteht ihr nichts und ich verstehe es auch nicht richtig. Deswegen überschlagen wir es.'"[27]

Warum war der Konfirmand damals so neugierig auf die Dreieinigkeit? Und warum konnte sein Vater als Pastor ihm dazu nichts sagen? Der Ältere war sprachlos, weil die Trinität seinen Verstand übersteigt. Der Jüngere war neugierig, weil für ihn Geheimnisse jenseits des Verstandes so spannend sind; eines der größten aber ist das der Dreieinigkeit.

Unser Denken steht damit vor einem unlösbaren Rätsel: Wie kann Gott einer und drei zugleich sein? Entweder ist er ein einziger, dann kann er nicht aus drei Personen bestehen. Oder er existiert in drei Personen, dann ist seine Einheit unvorstellbar. Logisch gesehen ist die Trinität Unsinn. Doch nicht das Rationale, sondern das Überrationale will sie verstehbar machen.

Darüber hinaus: Im dreieinigen Gott werden drei wesentliche Grundfragen des Lebens beantwortet: Das *Bekenntnis zum Vater* gibt Antwort, worauf ich vertrauen kann. Jesus war von der unbedingten Güte des Daseins überzeugt und nannte Gott Vater!

Das *Bekenntnis zu Jesus Christus* gibt Antwort, wie ich zu mir selber stehen kann. Jeder Mensch steht ja in der Gefahr, unangenehme Teile von sich abzuspalten. Das Kreuz hilft, seine Schatten in der Liebe Jesu zu integrieren.

Das *Bekenntnis zum Heiligen Geist* gibt Antwort, wodurch einer anders werden kann. Wo die Liebe lebendig wird, verändern sich Menschen ganz von selbst, ohne Appelle und Anstrengung! Der Heilige Geist als Geist der Liebe verwandelt Menschen!

Der erste Artikel von der Schöpfung

KK: Ich glaube, daß mich Gott geschaffen hat samt allen Kreaturen, mir Leib und Seele, Augen, Ohren und alle Glieder, Vernunft und alle Sinne gegeben hat und noch erhält;
dazu Kleider und Schuh, Essen und Trinken, Haus und Hof, Weib und Kind, Acker, Vieh und alle Güter; mit allem was not tut für Leib und Leben, mich reichlich und täglich versorgt, In allen Gefahren beschirmt und vor allem Übel behütet und bewahrt;
und das alles aus lauter väterlicher, göttlicher Güte und Barmherzigkeit ohn all mein Verdienst und Würdigkeit: für all das ich ihm zu danken und zu loben und dafür zu dienen und gehorsam zu sein schuldig bin. Das ist gewißlich wahr.

KK: VATER UNSER – WAS IST DAS?

Gott will uns damit locken, daß wir glauben sollen,
er sei unser rechter Vater und wir seine rechten Kinder,
damit wir getrost und mit aller Zuversicht
ihn bitten sollen wie die lieben Kinder ihren lieben Vater.

EG 508,3

Was nah ist und was ferne, von Gott kommt alles her,
der Strohhalm und die Sterne, der Sperling und das Meer.
Von ihm sind Büsch und Blätter und Korn und Obst von ihm,
das schöne Frühlingswetter und Schnee und Ungestüm.

R: Alle gute Gabe, kommt her von Gott dem Herrn,
drum dankt ihm, dankt, drum dankt ihm, dankt und hofft auf ihn!

Alles, was ist, ist gut

Ob Gott wirklich so ein guter Vater ist, wie Jesus lehrt? Nein, widerspricht die Stimme des kritischen Verstands. *Er* kann nicht gut sein, weil *es* nicht gut ist! Die Welt und die Menschen, die er schuf, taugen nicht recht, jedenfalls nach dem Urteil vieler. Warum müssen Menschen leiden, warum sich an der Natur, am Schicksal, an anderen, an sich selbst stoßen? Und warum ist das Böse in der Welt? So gerät der Glaube an die Güte Gottes ins Wanken!

Die Schöpfung kann keinesfalls die beste aller möglichen Welten sein, wie Leibniz lehrte. Sondern sie ist die eher schlechteste! Jeder von uns hätte sie besser gemacht. Dann wäre auch Auschwitz nicht möglich geworden und die vielen Katastrophen, die Menschen vernichten. Schuld ist der Schöpfer. So gerät das Bekenntnis zur Güte Gottes in Widerspruch zur Wirklichkeit!

Dem jungen Christentum erwuchs in der Gnosis ein gefährlicher Gegner. Sie lehrte, was dem Verstand einsichtig war, einen dunklen Schöpfergott, der die Reinheit der Ideen verdarb und die guten Seelen an die böse Materie fesselte. Der Körper als Grab der Seele! So müsse Christus die Seelen von der materiellen, bösen Welt erlösen!

Nahe liegen solche Gedanken, dass die Schöpfung verdorben sei oder wenigstens ihre Krone, der Mensch. Doch wer solchem Denken Raum gibt, muss die Rechnung teuer bezahlen. Denn der Preis für diese Vereinfachung ist die vielgescholtene Leibfeindlichkeit. Nun muss das Körperliche vernichtet, verachtet oder sich selbst überlassen werden, um allein dem Geist leben und vom höheren Dasein zu träumen.

Ganz anders der Geist, den wir mit Jesus Vater nennen. Die Bibel bezeugt ihn vom ersten bis zum letzten Buchstaben als den Guten! Selbst hinter den Schatten seiner Ferne und Verschlossenheit, biblisch hinter seinem Zorns glauben wir an seine Güte. Das lässt sich nicht mehr einsehen oder gar verstehen. Aber glauben können wir es dem Zeugnis von Jesus: Er ist Vater auch im Leiden! Er macht seine Schöpfung gut und auch die Welt, in der wir leben. Sie ist durch und durch gut. Das gilt gegen jeden Augenschein!

Der zweite Artikel vom Sohn

EG 37,1.3.4

Ich steh an deiner Krippen hier,
o Jesu, du mein Leben;
ich komme, bring und schenke dir,
was du mir hast gegeben.
Nimm hin, es ist mein Geist und Sinn,
Herz, Seel und Mut nimm alles hin
und laß dir's wohlgefallen.

Ich lag in tiefster Todesnacht,
du warest meine Sonne,
die Sonne, die mir zugebracht
Licht, Leben, Freud und Wonne.
O Sonne, die das werte Licht
des Glaubens in mir zugericht'
wie schön sind deine Strahlen.

Ich sehe dich mit Freuden an
und kann mich nicht satt sehen;
und weil ich nun nicht weiter kann
bleib ich anbetend stehen.
O daß mein Sinn ein Abgrund wär
und meine Seel ein weites Meer,
daß ich dich möchte fassen!

Jesus Christus: Gott und Mensch in einem

Alles wäre leichter gewesen, die Christen hätten sich entscheiden können. Entweder sie verehren einen großen Menschen als Propheten, wie ihnen der Islam vorschlägt. Oder sie hätten in Christus Gott verehrt, wie er sich schon so viele Male als Gott auf die Erde begab. So würden uns vermutlich die Hindus lehren. Doch bekennen Christen Sonntag für Sonntag: „Empfangen vom heiligen Geist, geboren von der Jungfrau Maria ...!" Er ist Gott und Mensch in einem!

Damit ist ja nichts Biologisches gemeint. Daran müsste ein Naturwissenschaftler sonst verzweifeln. Das Glaubensbekenntnis spricht eine religiöse Sprache, die Sprache des Mythos. Das Geheimnis dieses Jesus wird erfasst, indem man von seinem Ursprung erzählt. In bildhafter anschaulicher Weise werden nach biblischem Zeugnis Gott und Mensch eins. Aus dieser Vereinigung entsteht der Gottmensch. Jahrhunderte später formuliert die Dogmatik das abstrakt: Dieser Jesus ist Gott und Mensch in zwei Naturen, jedoch beides in einer Person!

Jesus Christus heißt daher: Als Christus ist er ganz und gar Gott und nichts fehlt ihm an seinem Gottsein. Denn er hat seinen Ursprung im Geist Gottes. Und als Jesus ist er ganz und gar Mensch. Nichts fehlt ihm an seinem Menschsein. Denn er hat seinen Ursprung in Maria. Und er ist nur ein einziges Wesen, eine Person, „unvermischt und unverwandelt, ungetrennt und ungesondert", wie das alte Dogma lehrt.

Das übersteigt jedes Fassungsvermögen! Wer sich darauf einlässt, gerät in Widersprüche; er wird hin- und hergerissen zwischen Göttlichem und Menschlichem, Unendlichem und Endlichem, Himmlischem und Irdischem. Das ist der menschlichen Logik unerträglich. Sie will ein Entweder-Oder: entweder ein Gott in Menschengestalt oder ein Mensch mit göttlicher Kraft. Aber beides? Undenkbar! Und doch liegt hier das Zentrum des Glaubens.

Denn „nur ein Gott kann uns retten". Ohne Christus glichen wir Münchhausen, der sich am eigenen Schopf aus dem Sumpf ziehen wollte. Doch das andere ist auch wahr: Nur ein Mensch kann uns wirklich nahe kommen. An Weihnachten wird es beispielhaft deutlich: Als ohnmächtiges Kind in der Krippe kommt der König der Ewigkeiten mir nahe!

Du bist mein Erlöser

Der zweite Artikel von der Erlösung

Und an Jesus Christus, seinen eingeborenen Sohn, unsern Herrn ...

KK: Ich glaube, daß Jesus Christus
wahrhaftiger Gott vom Vater in Ewigkeit geboren
und auch wahrhaftiger Mensch von
der Jungfrau Maria geboren,
sei mein Herr,
der mich verlornen und verdammten Menschen
erlöset hat,
erworben, gewonnen von allen Sünden,
vom Tode und von der Gewalt des Teufels;
nicht mit Gold oder Silber,
sondern mit seinem heiligen, teuren Blut
und mit seinem unschuldigen Leiden und Sterben;
damit ich sein eigen sei und in seinem Reich
unter ihm lebe
und ihm diene in ewiger Gerechtigkeit,
Unschuld und Seligkeit;
gleichwie er ist auferstanden vom Tode,
lebet und regieret in Ewigkeit.
Das ist gewißlich wahr.

Der Sieger über Sünde, Tod und Teufel

Alles kann der Mensch beherrschen, insofern es da ist. Er kann das Geld ausgeben, was er hat. Er kann die Idee umsetzen, die ihm kommt. Er kann die Kräfte ausleben, die er in sich trägt. Über alles Geschaffene setzt ihn Gott zum Herren, es zu behüten und zu bewahren! Doch an einer Stelle endet menschliche Kunst. Dort, wo nichts ist, kann ein Mensch auch nichts machen.

Wenn die Liebe schwindet, erfahren Menschen ihre Ohnmacht in Beziehungrn. Wenn Ideen fehlen, ist es aus mit der Kreativität. Wenn das Geld ausgeht, kann keiner es mehr ausgeben. Angesichts des Mangels, d.h. des Nicht-Vorhandenen ist jeder machtlos. Luther fasst das in seiner markanten Sprache zusammen: Gegen Sünde, Tod und Teufel ist der Mensch wehrlos! In dreifacher Form begegnet ihm der Mangel: als Entfremdung von Gott, als Vergänglichkeit und als Böses.

Was dem Menschen fehlt, macht ihn böse. Die fehlende Einheit in Gott verführt ihn, nach den Sternen zu greifen und die Erde zu zerstören. Der Mangel an Leben versucht ihn, sich von anderen und anderem mit Gewalt zu nehmen, was ihm fehlt. Und entfremdet will er dem Dunkel des Vergehens mit selbstangesteckten Lichtern erhellen. Dreifache Erfahrung des Nichtseins und dreifache Lebensverfehlung.

Ja, wenn er es in diesem Nichts aushielte wie der Gottessohn! Der widerstand in der Wüste dem Teufel und ließ zwischen sich und die Güte Gottes keinen trennenden Gedanken treten. In der Nacht von Gethsemane widerstand er dem Lebenstrieb, der für sich selbst sorgen will. Darin hielt er seinen Glauben an die Vatergüte fest. Und am Kreuz, in seiner letzten Verzweiflung betete er mit den Worten des 22. Psalms: „Mein Gott, mein Gott, warum hast du mich verlassen?“ Auch in Verzweiflung noch ein Beter! Er ließ sich nicht entfremden!

Sein Eintreten für uns ist die zentrale Gabe, durch die der Protestantismus entstand. Gegenwärtig scheint sie überflüssig geworden zu sein. Doch wenn das Dunkel unaufhaltsam ins Leben einbricht: Wer kann es dann verwandeln wenn nicht der, der Sünde, Tod und Teufel in der Auferstehung besiegte, Jesus Christus, unser Herr?

Der dritte Artikel vom heiligen Geist

ICH GLAUBE AN DEN HEILIGEN GEIST ...

KK: Ich glaube, daß ich nicht aus eigener Vernunft
noch Kraft
an Jesus Christus, meinen Herrn, glauben oder
zu ihm kommen kann;
sondern der Heilige Geist hat mich durch
das Evangelium berufen,
mit seinen Gaben erleuchtet,
im rechten Glauben geheiligt und erhalten;
gleichwie er die ganze Christenheit auf Erden
beruft, sammelt, erleuchtet, heiliget
und bei Jesus Christus erhält im rechten,
einigen Glauben;
in welcher Christenheit er mir und allen Gläubigen
täglich alle Sünden reichlich vergibt
und am Jüngsten Tage mich und alle Toten
auferwecken wird
und mir samt allen Gläubigen in Christo ein ewiges Leben
geben wird.
Das ist gewißlich wahr.

EG 184,5

Den Geist, der heilig insgemein
Lässt Christen Christi Kirche sein,
bis wir, von Sünd und Fehl befreit,
ihn selber schaun in Ewigkeit.

Im Geist das Wesen der Liebe erkennen

„Wovon einer zu viel redet, davon hat er zu wenig", pflegt ein Freund von mir zu sagen. Über kaum etwas wird in unserer Zeit mehr geredet als über die Liebe. Der Schrei nach Liebe ertönt nicht, weil wir so ein liebevolles Zeitalter sind. Nein, sondern weil die Liebe sich so weitgehend aus unserem alltäglichen Leben verabschiedet hat! Über aller Wissenschaft und Rationalität ist ihr Geist weit von uns gewichen. Und mit ihr wird uns auch Gottes Geist zunehmend fremder.

Denn er offenbart uns ein schillerndes Gesicht der Liebe. Deswegen verkennen wir ihn so leicht. Würde sie stark und mächtig auftreten, niemand hätte Jesus verspottet oder ihn gar als Gotteslästerer am Kreuz getötet. Deswegen kann seine Liebe nur verstehen, wer vom Geist der Liebe selbst ergriffen wird.

Der griechische Philosoph Platon lässt Sokrates im Dialog „Das Gastmahl" über das Wesen der Liebe berichten. Zur Geburt des Eros – griechisch: der Liebe und nicht der Erotik – sei es so gekommen: Auf einem Götterfest habe Poros – der Reichtum – trunken vom himmlischen Nektar im Garten seinen Rausch ausgeschlafen. Da habe sich Penia – die Armut – zu ihm gelegt und sich mit ihm vereinigt. In dieser Nacht empfing sie von ihm den Eros.

Die Liebe sei also ein Kind von Reichtum und Armut! Und nach seinen Eltern habe der Eros an beidem Anteil, an der göttlichen Kraft und Fülle und an der irdischen Armut. Deswegen bestünde die Liebe nicht nur aus Schönheit und Reichtum, sondern zugleich aus Armut und Begehren. Für ihre zweite Hälfte seien wir Menschen zumeist blind, weil wir nur auf den, auf die Geliebte sehen. Als Liebende aber erfahren wir unsere Sehnsucht, unseren Mangel! Denn anders könnten wir niemals begehren.

Von daher fällt ein neues Licht auf die Widersprüche Jesu: auch er arm und reich, mächtig und ohnmächtig zugleich, Herr und Diener, König und Knecht! Der heilige Geist der Liebe lässt mich die Widersprüche in der Liebe auch bei mir erkennen, meine Armut und mein Reichtum, meine Macht und meine Ohnmacht. So erschließt mir der Geist das Wesen der Liebe neu und entzündet ihre Flamme in mir!

Der dritte Artikel von der Heiligung

Eph 4,1-7

So ermahne ich euch nun, ich, der Gefangene in dem Herrn,
daß ihr der Berufung würdig lebt, mit der ihr berufen seid,
in aller Demut und Sanftmut, in Geduld.
Ertragt einer den andern in Liebe
und seid darauf bedacht, zu wahren die Einigkeit im Geist
durch das Band des Friedens:
ein Leib und ein Geist, wie ihr auch berufen seid zu einer
Hoffnung eurer Berufung;
ein Herr, ein Glaube, eine Taufe;
ein Gott und Vater aller, der da ist über allen und durch
alle und in allen.
Einem jeden aber von uns ist die Gnade gegeben nach
dem Maß der Gabe Christi.

EG 572,3

Im Schiff, das sich Gemeinde nennt,
muß eine Mannschaft sein,
sonst ist man auf der weiten Fahrt verloren und allein.
Ein jeder stehe, wo er steht, und tue seine Pflicht;
Wenn er sein Teil nicht treu erfüllt, gelingt das Ganze nicht.
Und was die Mannschaft auf dem Schiff ganz fest
zusammenschweißt
in Glaube, Hoffnung, Zuversicht, ist Gottes guter Geist.

R: Bleibe bei uns Herr! Bleibe bei uns Herr,
denn sonst sind wir allein auf der Fahrt durch das Meer.
O Bleibe bei uns, Herr!

Quadratur des Kreises: Die Gemeinschaft der Einzelnen

Gemeinschaften sind höchst komplexe Gebilde. Denn sie bestehen aus verschiedensten Menschen, die zudem auf verschiedenste Weise miteinander verbunden sind. Keiner gleicht dem anderen, so wenig wie Fingerabdrücke sich gleichen. Unterschiedlich sind sie in ihren Gedanken, Schicksalen und Charakteren. Einmalig, unaustauschbar, unersetzlich ist jeder ein Einzelner, ein Individuum! Und doch gehören wir Menschen zusammen. Es gibt niemanden ohne seine Eltern. Und der individuellste Mensch ist zum Überleben auf andere angewiesen.

Wie aber kann auch nur aus zwei einmaligen Ichs ein Wir werden, wie aus zwei Personen eine Gemeinschaft? Quadratur des Kreises! Nach der Rationalität kann das nur durch Aufhebung einer Person geschehen, also Gemeinschaftsbildung nur durch Entmenschlichung! Entweder schafft einer Gemeinschaft durch seine Ich-Erweiterung; sein Ich soll das Haus für alle sein! Oder eine andere versucht es durch Ich-Auflösung; durch Preisgabe ihres Ichs schafft sie sich das ersehnte Wir! Ein dritter versucht es durch Uniformierung; er macht durch Ordnungen alle gleich! Und eine vierte erlebt in rauschhafter Ekstase, wie für einen Moment die verschiedenen Ichs zum Wir verschmelzen! Typologische Wege in die Irre! Sie alle spielen einseitig ihre Stärke gegen die Schwäche anderer aus.

Ein echtes Wir kann nicht durch solche Vereinnahmungen der jeweiligen Stärke entstehen. Solche Gemeinschaftsbildung gehören zu einem faulen Spiel. Das ist immer dann gefährlich, wenn der vereinnahmte Partner nicht mehr mitspielt. Denn echte Gemeinschaft kann nur durch die Liebe entstehen, die zugleich stark ist und schwach. Sie eint sich hingebend und erträgt doch in Stärke das Leiden der Differenz. Sie verbindet sich erobernd und lässt doch dem anderen die Freiheit. Sie schafft eine gemeinsame Ordnung und kann doch Fünfe grade sein lassen. Und sie reißt in Begeisterung mit und bleibt doch nüchtern. Eine solche Liebe ist nicht mehr mit menschlichen Mitteln zu machen. Sie erwächst aus Gottes Liebe; und deswegen stiftet nur sein Geist ein wirklich neues Zusammensein.

3 | Die dritte Säule am Mittwoch: Das Vaterunser

Durch das Vaterunser als dritte Säule des Katechismus wird der Mittwoch zum Tag des Gebets. Auf der Höhe der Arbeitswoche gilt es innezuhalten!

Der Mittwoch wurde in der Antike dem Merkur zugeschrieben, wie am Französischen mercredi zu erkennen ist. Als Gott der Kaufleute symbolisiert er die Welt und ist zugleich ein Antibild dessen, was zum Gebet gehört. Aber als Hermes ist er der Götterbote, der Himmel und Erde verbindet; so kann er zum Symbol für das Gebet und den Austausch zwischen Gott und Mensch werden.

Die Orthodoxe Kirche gedenkt mittwochs des Kreuzes und Marias, der Mutter Gottes. Die Katholiken haben am Mittwoch die Heiligen und die Nächstenliebe zum Thema gemacht. Der Lutherischen Orthodoxie geht es mittwochs um die Erkenntnis Christi, dem Evangelischen Tagzeitenbuch um die Liebe und dem Evangelischen Gesangbuch wie auch dem Amelungsborner Brevier um Frieden und Gerechtigkeit sowie die Kraft vergebender Liebe. Die Losungen gedenken unseres Nächsten.

Der Katechismus stellt für den Mittwoch als dritte Säule mit dem Vaterunser das Gebet ins Zentrum der Aufmerksamkeit. Beten ist Einung, ja Vereinigung mit dem Höchsten, der selbst die Liebe ist. So fügt sich das Katechismusthema in die Traditionen dieses Tages ein: Anbetung der göttlichen Liebe, Verwandlung durch die Betrachtung der göttlichen Liebe und Einswerdung mit der göttlichen Liebe.

So führt der Mittwoch mit dem Vaterunser, dem Gebet, der Meditation und Kontemplation das Sonntagsthema fort. Die Bitte um das tägliche Brot findet sich bei den Ausführungen über das Abendmahl. Vieles vom Wesen des Gebets findet sich auch im Zusammenhang mit den Themen des Sonntags.

Du mein Vater in dem Himmel

Die Anrede des Vaterunsers

Mt 6,6-13

Wenn du aber betest, so geh in dein Kämmerlein und schließ die Tür zu und bete zu deinem Vater, der im Verborgenen ist; und dein Vater, der in das Verborgene sieht, wird dir's vergelten. Und wenn ihr betet, sollt ihr nicht viel plappern wie die Heiden; denn sie meinen, sie werden erhört, wenn sie viele Worte machen. Darum sollt ihr ihnen nicht gleichen. Denn euer Vater weiß, was ihr bedürft, bevor ihr ihn bittet. Darum sollt ihr so beten:

Vater unser im Himmel.
Geheiligt werde dein Name,
dein Reich komme,
dein Wille geschehe,
wie im Himmel so auf Erden.
Unser tägliches Brot gib uns heute
und vergib uns unsere Schuld,
wie auch wir vergeben unseren Schuldigern.
Und führe uns nicht in Versuchung,
sondern erlöse uns von dem Bösen.
Denn dein ist das Reich und die Kraft und die Herrlichkeit.
In Ewigkeit, Amen.

Lk 10,38-42

Als sie aber weiterzogen, kam er in ein Dorf. Da war eine Frau mit Namen Marta, die nahm ihn auf. Und sie hatte eine Schwester, die hieß Maria; die setzte sich dem Herrn zu Füßen und hörte seiner Rede zu. Marta aber machte sich viel zu schaffen, ihm zu dienen. Und sie trat hinzu und sprach: Herr, fragst du nicht danach, daß mich meine Schwester läßt allein dienen? Sage ihr doch, daß sie mir helfen soll! Der Herr aber antwortete und sprach zu ihr: Marta, Marta, du hast viel Sorge und Mühe. Eins aber ist not. Maria hat das gute Teil erwählt; das soll nicht von ihr genommen werden.

Aktion und Kontemplation

Aktiv und kreativ hat der Mensch heute zu sein. Und so wirbelt er durch sein Leben. Rauschhafte Erfahrungen von Selbstverwirklichung und kreativen Umsetzungen, sinnenfrohes Vergnügen! Dauernd aktiv sein heißt jedoch auch, sich ständig zentrifugalen Kräften aussetzen. So wird der Mensch in die Weite hinausgetrieben, weg von seiner Wesensmitte. Er wird immer zerstreuter, wenn er nicht eine zentripetale, nach innen gerichtete Kraft entgegensetzen kann.

Aus der Physik aller Kreiselbewegungen wissen wir, dass zentrifugale und zentripetale Kräfte ausgewogen sein müssen. Das gilt auch für das Leben. Auch im Menschen müssen verinnerlichende und veräußerlichende Kräfte im Gleichgewicht stehen. Kreativität und Aktivität sind der Außenseite der Wirklichkeit zugewandt; der Mensch hat aber auch eine Innenseite, hat Geist, Bewusstsein und Seele.

Er bedarf daher nach innen ziehender Kräfte, die in der spirituellen Tradition als Kontemplation bezeichnet werden! In ihr geht es nicht ums Denken wie bei der Konzentration, sondern um eine Sammlung des Herzens: Das lateinische Wort contemplatio meint wörtlich die Sammlung auf den Tempel hin. Die Bibel spricht vom Herzen als innerem Tempel. Heute sprechen wir eher von Person. Dort ist der Ort, wo Gott im Menschen wohnt. Eine solche Sammlung auf das Herz, das Selbst als Wohnung Gottes im Menschen macht das Wesen des Gebets aus.

Sie ist die zentripetale Gegenkraft, die ihn inmitten des aktiven Lebens in seiner inneren Mitte halten kann. Die Bruderschaft von Taizé stellt daher ihre Lebensregel daher unter die Überschrift „Aktion und Kontemplation"![28] Von Luther erzählt man, dass er sich in besonders arbeitsreichen Zeiten doppelt so viel Zeit für das Gebet genommen habe. Dabei blieb er oft genug sinnend und betend bei dem Wort Vater stehen, bis ihm sein Herz warm wurde und ganz von der Gegenwart Gottes erfüllt. Das war ihm das Wichtigste am Gebet! Ein solches Hin- und Herbewegen der Worte im Herzen wie Maria bedarf der Zeit für die eigene Seele.

Das Vaterunser als Bittgebet

Lk 1,46-55: Das Magnifikat

Und Maria sprach:
Meine Seele erhebt den Herrn,
und mein Geist freut sich Gottes, meines Heilandes;

> denn er hat die Niedrigkeit seiner Magd angesehen.
> Siehe, von nun an werden mich selig preisen alle
> Kindeskinder.

Denn er hat große Dinge an mir getan,
der da mächtig ist und dessen Name heilig ist.

> Und seine Barmherzigkeit währt von
> Geschlecht zu Geschlecht
> bei denen, die ihn fürchten.

Er übt Gewalt mit seinem Arm
und zerstreut, die hoffärtig sind in ihres Herzens Sinn.

> Er stößt die Gewaltigen vom Thron
> und erhebt die Niedrigen.

Die Hungrigen füllt er mit Gütern
und läßt die Reichen leer ausgehen.

> Er gedenkt der Barmherzigkeit
> und hilft seinem Diener Israel auf,

wie er geredet hat zu unsern Vätern,
Abraham und seinen Kindern in Ewigkeit.

Beten heißt bitten

Besonders Männern soll es schwer fallen, eine Bitte über die Lippen zu bringen. Zu stark ist der Wille, es selbst, es allein zu schaffen. Was ein Mensch allein schaffen kann, das soll er auch schaffen. Keine Frage! Aber was tun, wenn einer mit der eigene Weisheit und Kraft am Ende ist? Dann kann nur ein Stärkerer weiterhelfen. Mit der Erfahrung eigener Grenzen beginnt das Gebet als Bitte! In einer Zeit, die sich von alten Naturabhängigkeiten gelöst hat, erscheint gleichwohl ein solches Bitten wie eine Rückfall in alte Unfreiheiten.

Maria verdanken wir im Magnifikat die tiefe Einsicht, dass Beten Bitten heißt. Luther hätte sie auch als Himmelskönigin verehren können wie viele seiner Zeitgenossen. Aber er rühmt ihre Selbsterkenntnis, mit der sie ihre Armut offenherzig vor Gott eingesteht: „Denn er hat die Niedrigkeit seiner Magd angesehen!“ Darin liege das Geheimnis jedes Gebets. Gott suche nicht die Großen, Stolzen und Leistungsstarken! Er sieht die Niedrigen an, die Armen, die Verzweifelten, die Ratlosen. Im Bild: Ein Mensch muss mit leeren Händen vor ihn treten, sonst kann sie Gott nicht füllen!

Bitten, wirklich bitten lernen Menschen erst, wenn sie am Ende sind mit ihrer Weisheit, mit ihrer Kunst und mit ihrem Vermögen. Wer dann seine Ohnmacht eingestehen kann, steht schon an der Schwelle zum Gebet. Doch dazu ist oftmals viel Mut erforderlich. Ein Mut nämlich, sich selbst in seiner Begrenztheit, Schwäche oder Ratlosigkeit anzuschauen! Als die Jünger von Jesus das Beten lernen wollten, lehrte er sie sieben Bitten. Denn von Herzen bitten können ist die höchste Form des Menschseins vor Gott! Erst als Bittende machen wir Gott zu Gott, nehmen ihn als Retter, Helfer und Erlöser ernst.

Doch haben wir das Leben wirklich in der Hand? Können wir Arbeit schaffen nach Belieben? Und verfügen wir über den Frieden? Nichts davon und vielem anderen steht in unserer Macht! Beten ist also die Einsicht und das Eingeständnis eigener Armut und Ohnmacht. Dort muss ein Anderer, Höherer wirken! Daher bleibt mir nur die Bitte, die meine Sorgen Gott anheim stellt. Wo einer von Herzen bittet, wird wahr, was Maria erlebt. Im Rückblick lässt sich zuweilen erkennen, wie Gott Bitten erfüllt und so in einen Lobgesang verwandelt!

Heilig ist dein Name

Die erste Bitte des Vaterunsers

GEHEILIGT WERDE DEIN NAME.

KK: WAS IST DAS?

Gottes Name ist zwar an sich selbst heilig;
aber wir bitten in diesem Gebet,
daß er auch bei uns heilig werde.

WIE GESCHIEHT DAS?
Wo das Wort Gottes lauter und rein gelehrt wird,
und wir auch heilig, als die Kinder Gottes, darnach leben.
Das hilf uns, lieber Vater im Himmel!
Wer aber anders lehrt und lebt, als das Wort Gottes lehrt,
der entheiliget unter uns den Namen Gottes.
Davor behüte uns, lieber himmlischer Vater!

EG 165,2

Gott ist gegenwärtig, dem die Cherubinen
Tag und Nacht gebücket dienen.
Heilig, heilig, heilig, singen ihm zur Ehre
aller Engel hohe Chöre.
Herr, vernimm, unsere Stimm,
da auch wir Geringen unsre Opfer bringen.

Ist uns Menschen nichts mehr heilig?

Schwer können wir uns in die Erfahrung früherer Generationen hineinversetzen. Doch muss es eine Zeit gegeben haben, wo Menschen tiefbeglückt waren, weil sie für Gott den rechten Namen hatten. Mit anderen Worten: einen Begriff! Damit konnten sie Gott begreifen, sich zu ihm verhalten, ja mit ihm reden! Namenlos dagegen war ihnen das Göttliche eine unheimliche, unfassliche, ja gefährliche Macht. Sie konnte jederzeit das Leben überfallen und zerstören. Wir Christen dagegen kennen seinen Namen, wenn wir zu ihm rufen: „Vater!"

Aber ist uns Gottes Name wirklich noch heilig? Oder haben wir uns mit anderen längst daran gewöhnt, dass weder Gott, Bibel noch Kirche heilig sind. Sie scheinen im modernen Leben ausgedient zu haben. Doch ist dann dem Menschen gar nichts mehr heilig? Weder die Menschenwürde und noch die Natur?

Nicht mehr bei Gott, sondern an anderer Stelle sind unsere Nerven aufgescheuert. Wissenschaftler hantieren mit der Steuerung des Lebens in der Gentechnologie. Sie begreifen das bisher Namenlose und beginnen es zu verfügen. Doch ist ihnen im Begriffenen das Leben noch heilig? Wenn nicht, muss uns bei ihren Experimenten angst und bang werden!

Müssen erst genetische Katastrophen kommen? Oder können Menschen schon vorher zur Besinnung kommen und dem Heiligen Raum geben? Allerdings: durchs Beten! Denn das Vaterunser – so Luther – ist ja nicht dazu da, um Gott von seiner Heiligkeit zu überzeugen. Die hat er ohnehin und ohne unser Gebet. Ein einziges Aufblitzen seiner Macht, und der Mensch wird sich seiner Winzigkeit bewusst!

Um Gottes Heiligkeit bei mir geht es vielmehr in der ersten Bitte des Vaterunsers: „Gott, fülle du deinen mir oft so toten, leeren Namen! Erfülle mich von Neuem mit dir selbst!" Müssen wir Heutigen uns neben der Bibel mehr dem Walten der Natur aussetzen? Wütende Stürme und sanftes Säuseln der Lüfte, spuckende Vulkane und stille Seen, zuckende Blitze und sanfter Regen. Erschrecken, Erschauern, aber auch Berührung, Entzücken! Im Bitten übersteigt ein Mensch diese Gegensätze und findet eine Heimat im Vaternamen. Betend wächst die Ehrfurcht vor ihm und die Liebe zu ihm: „Du bist gut!"

Dein sind alle Reiche

Die zweite Bitte des Vaterunsers

DEIN REICH KOMME.

KK: WAS IST DAS?

Gottes Reich kommt wohl ohne unser Gebet von sich selbst; aber wir bitten in diesem Gebet, daß es auch zu uns komme.

WIE GESCHIEHT DAS?
Wenn der himmlische Vater uns seinen Heiligen Geist gibt, daß wir seinem heiligen Wort durch seine Gnade glauben und göttlich leben, hier zeitlich und dort ewiglich.

EG 123,1-3

Jesus Christus herrscht als König, alles wird ihm untertänig,
alles legt ihm Gott zu Fuß.
Aller Zunge soll bekennen, Jesus sei der Herr zu nennen,
dem man Ehre geben muß.

Fürstentümer und Gewalten, Mächte, die die Thronwacht halten,
geben ihm die Herrlichkeit;
alle Herrschaft dort im Himmel, hier im irdischen Getümmel
ist zu seinem Dienst bereit.

Gott ist Herr, der Herr ist einer, und demselben gleichet keiner,
nur der Sohn, der ist ihm gleich;
dessen Stuhl ist unumstößlich, dessen Leben unauflöslich,
dessen Reich ein ewig Reich.

Der Himmel schon auf Erden?

Die Bitte um Gottes Reich könnte man so missverstehen: „Die Christen machen es sich leicht! Sie lassen es hier in dieser Welt laufen und erhoffen sich alles Gute vom Jenseits. So einfach kann ich mir das nicht machen!" Weltflucht wirft man ihnen vor. Aber bitten Christen ausschließlich darum, am Ende eines mühseligen Lebens mit der himmlischen Herrlichkeit belohnt zu werden? Bitten wir so um das Kommen seines Reichs?

Gewiss beten wir auch darum. Denn niemand soll seine Hoffnung auf ein letztes Zuhause aufgeben. Wie viele müssen durch dunkle Täler und bitterste Leiden schreiten! Wie viele werden vor der Zeit abberufen! Wie viele sterben einen grausamen, sinnlosen Tod! Soll ihnen noch dazu der letzte Trost genommen werden? Nein! Die Hoffnung auf eine Heimat im Himmel macht stark, die unvermeidlichen Lasten des Lebens auf sich zu nehmen.

Doch nicht nur so beten Christen um Gottes Reich. Sondern sie bitten darum, dass er mitten in ihr Leben hineinkomme. Dein Reich des Friedens bleibe! Dein Land des Wohlstands wachse! Deine Welt des Glücks breche herein! Dein Garten der Gerechtigkeit blühe! Deine Liebe regiere! Deine Wahrheit siege! Deine Freiheit gehe auf! Alle diese Verheißungen der heiligen Schrift müssen doch auch endlich einmal wirklich werden.

Nun, sollten wir nicht besser darum kämpfen als dafür zu beten? Das meinte Karl Marx mit seinem berühmten Satz: „Religion ist Opium fürs Volk!" Er warf den Christen vor, dass Beten sie tatenlos mache. Sich am Himmel zu berauschen und die Erde verkommen zu lassen ist in der Tat ein gefährlicher Irrweg der Religion.

Aber kämpfend halte ich die biblische Wahrheit in mir wach. Mein Kämpfen macht zwar noch nicht mein Glück! Mein Ringen schafft noch nicht meine Liebe. Meine Anstrengung bewahrt den Frieden nicht. Aber wenn sich nicht der Himmel öffnet und Gott dem Menschen seine Gaben, d.h. seine Gnade schenkt, sind alle Anstrengungen umsonst. Nicht unser, sondern sein Geist verwirklicht das Ersehnte schon auf dieser Erde! Und in jedem Aufleuchten seiner Gaben erfahren wir schon hier etwas von seinem Reich.

Nicht wie ich will, sondern du willst

Die dritte Bitte des Vaterunsers

Dein Wille geschehe, wie im Himmel, also auch auf Erden.

KK: Was ist das?

Gottes guter, gnädiger Wille geschieht wohl ohne unser Gebet;
aber wir bitten in diesem Gebet, daß er auch bei uns geschehe.

Wie geschieht das?
Wenn Gott allen bösen Rat und Willen bricht und hindert,
so uns den Namen Gottes nicht heiligen und sein Reich nicht kommen lassen wollen,
als da ist des Teufels, der Welt und unsers Fleisches Wille;
sondern stärket und behält uns fest in seinem Wort und Glauben bis an unser Ende.
Das ist sein gnädiger, guter Wille.

Mt 26,36-44

Da kam Jesus mit ihnen zu einem Garten, der hieß Gethsemane, und sprach zu den Jüngern: Setzt euch hier, solange ich dorthin gehe und bete. Und er nahm mit sich Petrus und die zwei Söhne des Zebedäus und fing an zu trauern und zu zagen. Da sprach Jesus zu ihnen: Meine Seele ist betrübt bis an den Tod; bleibt hier und wacht mit mir! Und er ging ein wenig weiter, fiel nieder auf sein Angesicht und betete und sprach: Mein Vater, ist's möglich, so gehe dieser Kelch an mir vorüber; doch nicht wie ich will, sondern wie du willst! Und er kam zu seinen Jüngern und fand sie schlafend und sprach zu Petrus: Könnt ihr denn nicht eine Stunde mit mir wachen? Wachet und betet, daß ihr nicht in Anfechtung fallt! Der Geist ist willig; aber das Fleisch ist schwach. Zum zweiten Mal ging er wieder hin, betete und sprach: Mein Vater, ist's nicht möglich, daß dieser Kelch an mir vorübergehe, ohne daß ich ihn trinke, so geschehe dein Wille! Und er kam und fand sie abermals schlafend, und ihre Augen waren voller Schlaf. Und er ließ sie und ging abermals hin und betete zum dritten Mal und redete dieselben Worte.

Einwilligen aus freien Stücken

Die Philosophen der Stoa haben die höchste Lebenskunst darin gesehen, sich in das Unvermeidliche fügen zu lernen. Sie lehrten, dass das Schicksal den Wollenden führe, den Widerstrebenden aber mitschleppe: „Volens ducunt, nolens trahunt!“ Im Gleichnis: Ein Hund, der an einen fahrenden Streitwagen angeleint ist, lebt am besten, wenn er sich der Bewegung des Streitwagens anpasst. Anderenfalls würde ihn die Leine mit Gewalt fortreißen! Wollte er sich gar niederlegen und schlafen, er würde zu Tode geschleift werden.

Doch dieses Einwilligen ins Unvermeidliche ist nicht so einfach. Denn jedes Ich lebt in seinem Willen! Den aber aufzugeben, zu ändern und sich zu fügen, heißt auf sich selbst, sein Eigenstes zu verzichten. Manch einer ist eher bereit, sein physisches Leben zu verlieren als von seinem Willen zu lassen. Und dann noch Einwilligen in ein dumpfes Schicksal, das mir seinen Sinn nicht verrät? Das mag von den edelsten und höchsten Geister erreicht werden – wenn überhaupt!

Dennoch: Das Unvermeidliche ist in der Welt; keiner kann ihm auf Dauer entgehen! Wie kann dann das Einswerden im Willen gelingen? Doch nur, wenn hinter dem dunklen, bedrohlichen Schicksal ein guter Wille entdeckt würde. Doch nur, wenn einer selbst angesichts des Todes noch vertrauen kann. Doch nur, wenn hinter der Nacht des Leidens das Licht des gütigen Vaters geglaubt werden kann!

Das evangelische Gethesemanekloster in Riechenberg bei Goslar macht mit seinem Namen das letzte Gebet Jesu zu seiner innersten Mitte: „Nicht wie ich will, sondern wie du willst, Vater!“ Dieses Gebet lädt dazu ein, nach der Weise des russischen Pilgers durch ständiges Wiederholen vertieft zu werden. So kann ein Beter bis in die Schichten vordringen, in denen sein Eigenwille verankert ist und in denen er sich wenden kann. Dort allerdings kommt es zur Entscheidung, ob einer sich betend dem Willen Gottes überlassen kann oder verzweifelt an seinem eigenen Willen festhalten will. Einwilligen heißt, seiner Liebe glauben gegen den Augenschein und ihm sein Leben anvertrauen trotz Angst und Sorge.

In Versuchung steh mir bei

Die sechste Bitte des Vaterunsers

UND FÜHRE UNS NICHT IN VERSUCHUNG.

KK: WAS IST DAS?

Gott versucht zwar niemand;
aber wir bitten in diesem Gebet,
daß uns Gott behüte und erhalte,
damit uns der Teufel, die Welt und unser Fleisch
nicht betrüge und verführe
in Mißglauben, Verzweiflung und andere große Schande
und Laster;
und ob wir damit angefochten würden,
daß wir doch endlich gewinnen und den Sieg behalten.

Mt 4,1-11

Da wurde Jesus vom Geist in die Wüste geführt, damit er von dem Teufel versucht würde. Und da er vierzig Tage und vierzig Nächte gefastet hatte, hungerte ihn. Und der Versucher trat zu ihm und sprach: Bist du Gottes Sohn, so sprich, daß diese Steine Brot werden. Er aber antwortete und sprach: Es steht geschrieben: „Der Mensch lebt nicht vom Brot allein, sondern von einem jeden Wort, das aus dem Mund Gottes geht."

Da führte ihn der Teufel mit sich in die heilige Stadt und stellte ihn auf die Zinne des Tempels und sprach zu ihm: Bist du Gottes Sohn, so wirf dich hinab; denn es steht geschrieben: „Er wird seinen Engeln deinetwegen Befehl geben; und sie werden dich auf den Händen tragen, damit du deinen Fuß nicht an einen Stein stößt." Da sprach Jesus zu ihm: Wiederum steht auch geschrieben: „Du sollst den Herrn, deinen Gott, nicht versuchen."

Darauf führte ihn der Teufel mit sich auf einen sehr hohen Berg und zeigte ihm alle Reiche der Welt und ihre Herrlichkeit und sprach zu ihm: Das alles will ich dir geben, wenn du niederfällst und mich anbetest. Da sprach Jesus zu ihm: Weg mit dir, Satan! denn es steht geschrieben: „Du sollst anbeten den Herrn, deinen Gott, und ihm allein dienen." Da verließ ihn der Teufel. Und siehe, da traten Engel zu ihm und dienten ihm.

Den Widerspruch aushalten

Oft erscheint der, der nicht glaubt, mutig die Schwere dieser Welt auf sich zu nehmen. Doch genau umgekehrt ist es. Wer nichts glaubt, wird auch von keiner Wahrheit des Glaubens aufgestört. Wer aber glaubt, wird aus dem Gleichgewicht geraten müssen. Denn nun erst treten geglaubte Wahrheit und sichtbare Wirklichkeit auseinander.

Der Widerspruch zwischen Wahrheit und Wirklichkeit heißt Anfechtung oder mit dem alten Wort Versuchung. Sie überfällt einen Menschen erst, wenn er der Wahrheit glaubt. So versuchte der Teufel Jesus erst nach der Taufe in der Wüste! Dort riss der Widerspruch zwischen den guten Worten Gottes und der bitteren Realität der Wüste auf.

Genauso geht es einem, einer, wenn sie an das Gute im Leben glauben: Nun erst werden sie angefochten, denn es gibt so viel Schlechtes in der Welt! Gleichgültigkeit, Gemeinheit, Ungerechtigkeit und Morden widersprechen dem Glauben an das Gute, erst recht dem an einen guten Gott.

Auch wer an die Liebe glaubt, muss erschüttert werden. Denn wo ihr Licht aufleuchtet, fallen die Schatten von Egoismus, Rücksichtslosigkeit und Gier besonders scharf. So geht es auch den Glaubenden. Ist der Vater, zu dem ich beten und dessen Güte ich glaube, wirklich noch Herr dieser Welt? Wie kann er dann soviel Unheil und die Bosheit zulassen? Der Zweifel an Gottes Güte ist so alt wie das Leiden der Menschen.

Doch der hält in der Anfechtung stand, der sich durch dunkle Schatten nicht abbringen lässt von seinem Glauben. Derjenige bewahrt ihn, der sich in der Verzweiflung nicht von Gott trennen lässt. Und der besteht die Versuchung, der trotz der Stimmen des Bösen unbeirrt an der Güte des Vaters festhält. Solche Stabilität kann aber nur im Gebet wachsen.

Worum wir also beten? Nicht darum, dass Gott diese Welt voller Widersprüche aufhebt, sondern dass er uns in ihnen standhalten lässt; dass er uns seinen Geist gibt, der im Zweifel beharrlich am Vater festhält; und dass er uns den Geist gibt, die teuflischen Vereinfachungen einer simplifizierenden Logik zu durchschauen.

Herr, bewahre mich vorm Bösen!

Die siebte Bitte des Vaterunsers

SONDERN ERLÖSE UNS VON DEM ÜBEL.

KK: WAS IST DAS?

Wir bitten in diesem Gebet, daß uns der Vater im Himmel
Vom Bösen und allem Übel
An Leib und der Seele, Gut und Ehre erlöse
und zuletzt, wenn unser Stündlein kommt,
ein seliges Ende beschere

und mit Gnaden von diesem Jammertal
zu sich nehme in den Himmel.

GK: Im Griechischen lautet dies Stück so: „Erlöse (oder behüte uns) vor dem Argen (oder Bösen)“, und es sieht ebenso aus, als rede es vom Teufel, als wollte es alles (dahin) zusammenfassen, daß die ganze Summe allen Gebets gegen diesen unseren Hauptfeind gehe.

Die Macht des Negativen überwinden

Der Mensch tritt kraft seiner Vernunft die Herrschaft über diese Welt an. Angesichts der wissenschaftlich-technischen Revolution scheint der Glaube an einen Teufel ein Rückfall in längst vergangene Zeiten zu sein. Und doch ist das Böse in der Welt. So erfasst die letzte Bitte die tiefste Dimension der Freiheit, die wir Menschen von Gott erbitten können: Dass er uns von der Macht des Bösen erlöse!

Äußerlich gilt zuerst, dass Gott uns von Beschwernissen befreie, die uns so zu schaffen machen. Denn wohl kaum einer käme in der Fülle des Lebens in Versuchung, dem Bösen zu erliegen. Erst im Mangel, in der Enttäuschung, inmitten von Leiden wird das Böse mächtig. Die Bibel nennt diesen Mangel Finsternis. Solange ich zum Beispiel im Reichtum schwimme, werde ich kaum einen Diebstahl begehen. Nur wen bittere Armut beißt, den verlockt der Griff nach dem Eigentum anderer. Mit dem Mangel, d.h. dem Übel stehen wir an der Schwelle zum Bösen.

Je tiefer ein Mensch den Mangel in sich bewegt, sich im Herzen davon ergreifen lässt und ihm so gleichsam Glauben schenkt, desto mehr wird er von diesem Nichtsein, d.h. von der Finsternis beherrscht. Das Negative gewinnt Raum in ihm. So kommt es dann zu den Einflüsterungen des Bösen: „Nimm dir dein Recht! Zeig es dem anderen! Du allein bist wichtig!" Solche und andere Versuchungen zum Bösen flüstern uns innere Stimmen ein.

Wie kann Gott von der Macht des Bösen erlösen? Den Mangel kann und will er nicht abschaffen. Sonst müsste er die Welt abschaffen, die er doch liebt! Er kann nur selbst den Einflüsterungen des Nichtigen widerstehen. So scheitert der Böse an Jesus. Auch er litt Mangel, aber unterschied darin von uns. Durch nichts, durch keine Versuchung und durch keine Anfechtung ließ er sich vom Glauben an die Güte des Vater trennen!

So wird die Macht des Bösen an jedem scheitern, der im Glauben an Gottes unbedingter Güte festhält. Darum also bitten wir im Gebet, dass uns seine Güte im Herzen lebendig bleibe gegen jeden Widerschein. Dass wir ein offene Ohr für seine guten Worte behalten mitten in Bedrängnis. Dass das Licht seiner Liebe in uns strahle trotz Finsternis!

4 | Die vierte Säule am Donnerstag: Die Taufe

Die Taufe als vierte Säule am Donnerstag steht für das Geheimnis der Verwandlung, dogmatisch für die Wiedergeburt. Niemand zeugt von dem Wirken des Geistes in der Taufe tiefer als Jesus in seinem Gespräch mit Nikodemus.

Der Donnerstag empfing seinen Namen von Donar, der blitzeschleudernden und donnernden germanischen Gottheit, in der griechischen Mythologie Zeus und bei den Römern Jupiter, dem Höchsten aller Götter. Noch der Jahwename verweist auf das Gewittergrollen; und von ihm bekennt der Psalmbeter (Ps 104,3f): „Du fährst auf den Wolken wie auf einem Wagen und kommst daher auf den Fittichen des Windes, der du machst Winde zu deinen Boten und Feuerflammen zu deinen Dienern…" Blitz und Donner, dann aber der erlösende Regen können symbolisch für Gericht und Gnade Gottes stehen.

In der Orthodoxen Kirche ist der Donnerstag dem Gedächtnis der heiligen Apostel und des heiligen Nikolaus gewidmet. In der Katholischen Kirche wird an diesem Tag des heiligen Sakraments und des heiligen Geistes gedacht; die Lutherische Orthodoxie erinnert sich an die Einheit im Glauben. Das Evangelische Tagzeitenbuch denkt donnerstags an die Taufe und die Ebenbildlichkeit des Menschen; das Evangelische Gesangbuch gedenkt an diesem Tag der Gemeinde Gottes und der Boten des Evangeliums – ähnlich das Amelungsborner Brevier – und die Losungen unserer Gesellschaft.

Die Taufe als vierte Säule des Glaubens stimmt mit dem Thema des Evangelischen Tagzeitenbuchs überein. Doch auch die anderen Traditionen lassen sich in die mit der Taufe verbundene Thematik einfügen. Insbesondere schließt die Taufe die weltweite Verkündigung des Evangeliums und die Mission ein.

Das neunte und zehnte Gebot nach lutherischer Zählung finden sich zu Beginn der Taufe.

Das neunte und zehnte Gebot

Du sollst nicht begehren deines Nächsten Haus.
Du sollst nicht begehren deines Nächsten Weib, Knecht, Magd, Vieh oder alles, was sein ist.

KK: Was ist das?

Wir sollen Gott fürchten und lieben,
daß wir unserm Nächsten nicht mit List nach seinem Erbe
oder Haus trachten
und mit einem Schein des Rechts an uns bringen,
sondern ihm dasselbe zu behalten
förderlich und dienlich sein.

Wir sollen Gott fürchten und lieben,
daß wir unserm Nächsten nicht seine Frau, Gehilfen
oder Vieh ausspannen,
abwerben oder abspenstig machen,
sondern dieselben anhalten,
daß sie bleiben und tun, was sie schuldig sind.

Röm 13,9

Denn was da gesagt ist: „Du sollst nicht ehebrechen; du sollst nicht töten; du sollst nicht stehlen; du sollst nicht begehren", und was da sonst an Geboten ist, das wird in diesem Wort zusammengefaßt: „Du sollst deinen Nächsten lieben wie dich selbst."

Gefangen durch ein mächtiges Nichts

Wer die Taufe verstehen will, muss ihre Voraussetzung ergründen. Denn als eine tiefgreifende Verwandlung des Seins, als eine Wiedergeburt ist sie nur zu verstehen, wenn uns bewusst wird, was ihr vorausliegt: die Verfallenheit an das hoffnungslos Alte!

Die beiden letzten Gebote des Dekalogs decken nach lutherisch-orthodoxer Auslegung dieses Alte des Menschen auf. Das neunte Gebot wird mit der Begierde und das zehnte mit der Erbsünde, d.h. dem Grund des Begehrens verbunden. Begierde und Erbsünde – beide Begriffen haben gegenwärtig einen denkbar schlechten Ruf: Die Begierde verunglimpft für viele die natürlichen Triebe; und die Erbsünde – biologisch ohnehin unsinnig – scheint unvereinbar mit der menschliche Freiheit!

Was also ist mit Begierde wirklich gemeint? Bestimmt nicht das Triebleben! Denn alles Körperliche schafft Gott, auch die Triebe. Also sind sie nach seinem Urteil gut! Wir müssen daher zwischen Trieb und Begierde unterscheiden. Begierde ist entgrenzter, entfesselter Trieb. Der Mangel führt den Menschen in Versuchung, sich mit Gewalt zu nehmen, was ihm fehlt. So missbraucht er seine Natur. Aus natürlicher wird gierige, maßlose Triebbefriedigung. Nicht der Trieb, sondern der maßlose Umgang mit ihm ist das Böse und Zerstörerische!

Dass Menschen dem Mangel nicht standhalten können, hängt nach traditioneller Lehre mit der Erbsünde zusammen, die am zehnten Gebot sichtbar wird: Als Gott den Menschen schuf, machte er ihn sich zum Bild. Er gab ihm den Geist der Freiheit! Also gehört auch sie zu den guten Gaben Gottes!

Doch eben diese seine Freiheit wird zur Ursache seines Scheiterns. Denn nur ein freier Mensch kann sich und das Leben verfehlen. Ich könnte meine besten Möglichkeiten versäumen, den Anforderungen der Zukunft nicht gewachsen sein, die verkehrte Wahl treffen. Indem sich der Mensch dann in seiner Angst an Irdischem festklammert, missbraucht er seine Freiheit und fällt. Fremd wird ihm nun Gott und seine gute Schöpfung. Deswegen muss eine gründliche Erneuerung und Erfüllung des Lebens stattfinden. Dafür steht die Taufe als Wiedergeburt im Geist!

Die Taufe als Symbol der Wiedergeburt

Joh 3,1-8

Es war aber ein Mensch unter den Pharisäern mit Namen Nikodemus, einer von den Oberen der Juden. Der kam zu Jesus bei Nacht und sprach zu ihm: Meister, wir wissen, du bist ein Lehrer, von Gott gekommen; denn niemand kann die Zeichen tun, die du tust, es sei denn Gott mit ihm.

Jesus antwortete und sprach zu ihm: Wahrlich, wahrlich, ich sage dir: Es sei denn, daß jemand von neuem geboren werde, so kann er das Reich Gottes nicht sehen. Nikodemus spricht zu ihm: Wie kann ein Mensch geboren werden, wenn er alt ist? Kann er denn wieder in seiner Mutter Leib gehen und geboren werden?

Jesus antwortete: Wahrlich, wahrlich, ich sage dir: Es sei denn, daß jemand geboren werde aus Wasser und Geist, so kann er nicht in das Reich Gottes kommen. Was vom Fleisch geboren ist, das ist Fleisch; und was vom Geist geboren ist, das ist Geist. Wundere dich nicht, daß ich dir gesagt habe: Ihr müßt von neuem geboren werden. Der Wind bläst, wo er will, und du hörst sein Sausen wohl; aber du weißt nicht, woher er kommt und wohin er fährt. So ist es bei jedem, der aus dem Geist geboren ist.

EG 200,1.4.5

Ich bin getauft auf deinen Namen, Gott Vater,
Sohn und Heilger Geist,
ich bin gezählt zu deinem Samen, zum Volk,
das dir geheiligt heißt.
Ich bin in Christus eingesenkt, ich bin mit seinem
Geist beschenkt.

Mein treuer Gott, auf deiner Seite bleibt dieser Bund
wohl feste stehn;
wenn aber ich ihn überschreite, so laß mich nicht
verlorengehn;
nimm mich, dein Kind, zu Gnaden an, wenn ich hab
einen Fall getan.

Metamorphose: Geheimnis der Wandlung

„Ab morgen wird alles ganz anders!" Wer ging nicht schon mit diesem festen Entschluss ins Bett? Und wer begann auch dieses Jahr nicht mit guten Vorsätzen? Doch wie schnell erweichen Entschlüsse und fallen Vorsätze! Und oft wird es ärger als zuvor, denn „der Weg zur Hölle ist mit guten Vorsätzen gepflastert."

Versuche dich zu ändern! Nirgendwo wird ein Mensch schneller auf seine Grenzen stoßen. Hartnäckig setzt sich das ungeliebte Alte durch, bei der einen im Essen, beim anderen im Trinken, beim dritten im Umgang mit anderen. Der gute Wille ist da, aber die Kraft zur Verwirklichung fehlt. Gerade bei nötigen Veränderungen erfahren wir schmerzhaft unsere Schwäche.

Wann ändert sich ein Mensch? Theoretisch ist es ganz einfach. Er müsste das Alte verwerfen und das Neue verwirklichen. Aber eingefahrene Gewohnheiten haften zäh; und das ersehnte Neue ist so schwach! Allein aus eigenem Wissen und Wollen ist es unmöglich. Dazu braucht ein Mensch mehr als gutes Wollen, er braucht den Geist Gottes, der ihn verwandelt.

Wer von einer Raupe verlangen würde, dass sie sich durch die Lüfte schwingt, wäre ein Narr! Sie kann nur kriechen und fressen. Doch irgendwann beginnt sie sich zu verpuppen. Die Natur ist in ihr am Werk; und eines Tages entschlüpft der hässlichen Puppe ein wunderschöner Schmetterling. Mühelos flattert er von Blüte zu Blüte, um am Nektar zu nippen. Die Wissenschaft nennt diese Verwandlung eine Metamorphose.

So reicht es für einen Menschen nicht, sein Leben mit Verstand und Willen zu ergreifen. Seine Rationalität ist zu schwach, um sich gegen den Mangel durchzusetzen. Eine Metamorphose, eine gründliche Verwandlung ist nötig. Die wirkt der Geist Gottes, der Geist der Liebe in ihm!

Doch welcher Geist macht aus Weinenden Lachende, aus Griesgrämigen Menschenfreunde und aus Geizigen Großherzige? Es ist der Geist, der in Jesus ein Gesicht bekam: der Geist der Liebe! Er verwandelt Menschen. Wenn schon irdische Liebe verwandeln kann, wie viel mehr gilt es für die, die vom Geist göttlicher Liebe ergriffen sind.

Die Taufe zum Ersten

KK: Was ist die Taufe?

Die Taufe ist nicht allein schlicht Wasser,
sondern sie ist das Wasser in Gottes Gebot gefasst
und mit Gottes Wort verbunden.

Welches ist denn dies Wort Gottes?
Unser Herr Christus spricht bei Matthäus im letzten Kapitel:
Gehet hin in alle Welt, lehret alle Völker:
Taufet sie im Namen des Vaters und des Sohnes und
des Heiligen Geistes.

Act 16,9-15

Und Paulus sah eine Erscheinung bei Nacht: ein Mann aus Mazedonien stand da und bat ihn: Komm herüber nach Mazedonien und hilf uns! Als er aber die Erscheinung gesehen hatte, da suchten wir sogleich nach Mazedonien zu reisen, gewiß, daß uns Gott dahin berufen hatte, ihnen das Evangelium zu predigen. Da fuhren wir von Troas ab und kamen geradewegs nach Samothrake, am nächsten Tag nach Neapolis und von da nach Philippi, das ist eine Stadt des ersten Bezirks von Mazedonien, eine römische Kolonie. Wir blieben aber einige Tage in dieser Stadt.

Am Sabbattag gingen wir hinaus vor die Stadt an den Fluß, wo wir dachten, daß man zu beten pflegte, und wir setzten uns und redeten mit den Frauen, die dort zusammenkamen. Und eine gottesfürchtige Frau mit Namen Lydia, eine Purpurhändlerin aus der Stadt Thyatira, hörte zu; der tat der Herr das Herz auf, so daß sie darauf achthatte, was von Paulus geredet wurde. Als sie aber mit ihrem Hause getauft war, bat sie uns und sprach: Wenn ihr anerkennt, daß ich an den Herrn glaube, so kommt in mein Haus und bleibt da. Und sie nötigte uns.

Das Ärgernis der Kindertaufe und ihr Glück

Seit der Urchristenheit werden neugeborene Kinder getauft. Das ist zwar in der Schrift nirgends ausdrücklich befohlen. Aber schon Lydia, die erste Christin auf europäischem Boden ließ sich mit ihrem ganzen Hausstand taufen. Gewiss gehörten dazu auch Kinder. Ist es nicht darüber hinaus eine freundliche Geste, neue Erdenbürger im Namen Gottes zu begrüßen?

Doch für viele ist die Kindertaufe eine Unsitte! „Was versteht ein Säugling schon vom Christentum? Wie will ein sprachloses Kind glauben oder gar bekennen? Wie viel kann ein Täufling von seiner Taufe mitbekommen?“ kann man häufig hören. Die Reihenfolge müsse umgekehrt werden. Erst findet jemand zum Glauben, und dann wird er durch die Taufe in die Gemeinschaft der Christen aufgenommen!

Warum hielt Luther guter Argumente zum Trotz an der Kindertaufe fest? Ja, er beschwor ihre Wahrheit mit allen ihm zur Verfügung stehenden Mitteln! – Für ihn wird nirgendwo deutlicher als in der Kindertaufe das Geheimnis das Glaubens sichtbar: Alles muss Gott tun, damit der Mensch alles empfangen kann – wie ein Säugling!

Die Taufe begründet das Haus des Lebens. Denn Gott schwört in ihr seine unbedingte Treue: „Komme, was wolle, ich, Gott stehe auf deiner Seite. Du magst tun, was du willst, mein Ja wird niemals von dir weichen. Alles kann man dir wieder nehmen, nur meine Liebe nicht!“ Ein solcher Grund gehört an den Anfang des Lebens. Darum die Kindertaufe! Denn wer könnte in diesem Leben bestehen ohne Anerkennung, ohne Bejahung, ohne wertschätzende, liebende Zuwendung? Und die nicht nur durch Menschen, sondern durch Gott selbst.

Doch hilft dieser Schatz der Taufe wenig ohne einen Zugang dazu, d.h. ohne den Glauben. Es ist wie mit einem Menschen, der zur Geburt eine großes Vermögen auf sein Sparkonto bekam. Wenn er später nicht zur Bank geht und sein Geld abhebt, dann muss er trotz großen Reichtums ein elendes Leben fristen. So ist es mit der Taufe. Wer ihre Wahrheit nicht im Glauben annimmt, dem hilft der Schatz göttlicher Liebe gar nichts. Täglich muss einer, eine daher in die Wahrheit seiner Taufe buchstäblich hineinkriechen, meinte Luther!

Die Taufe zum Vierten

KK: Was bedeutet denn solch Wassertaufen?

Es bedeutet, daß der alte Adam in uns
durch tägliche Reue und Buße soll ersäuft werden
und sterben mit allen Sünden und bösen Lüsten;
und wiederum täglich herauskommen und auferstehen ein neuer Mensch,
der in Gerechtigkeit und Reinheit vor Gott ewiglich lebe.

Wo stehet das geschrieben?
Der Apostel Paulus spricht zu den Römern im sechsten Kapitel:
Wir sind mit Christus durch die Taufe begraben in den Tod,
damit, wie Christus auferweckt ist von den Toten
durch die Herrlichkeit des Vaters,
auch wir in einem neuen Leben wandeln.

I Sam 2,6-9

Der HERR tötet und macht lebendig, führt hinab
zu den Toten und wieder herauf.
Der HERR macht arm und macht reich;
er erniedrigt und erhöht.

Er hebt auf den Dürftigen aus dem Staub
und erhöht den Armen aus der Asche,

daß er ihn setze unter die Fürsten
und den Thron der Ehre erben lasse.

Denn der Welt Grundfesten sind des HERRN,
und er hat die Erde darauf gesetzt.

Er wird behüten die Füße seiner Heiligen ...

Das Stirb und Werde im Leben

Wo neues Leben entsteht, muss altes vergehen. Johannes überliefert dafür ein eindrückliches Bildwort (12,24): „Wenn das Weizenkorn nicht in der Erde fällt und [nicht] erstirbt, bleibt es allein; wenn es aber erstirbt, bringt es viel Frucht." Vor dem Wachstum neuen Lebens steht der Tod des alten Korns. Immer wieder und an vielen Stellen realisiert sich das Leben in diesem Gesetz: Stirb und werde! Jeden Abend stirbt ein Tag in die Nacht hinein; doch diese ist zugleich schon der Anfang eines neuen Tages. Oder die Tage der friedlichen Kindheit gehen zuende und machen einer stürmischen Jugend Platz.

Die Taufe und die an sie gebunden Vorstellung von Wiedergeburt sind einmalige Ereignisse; sie ist also ein einmaliges Stirb und Werde. Doch haben Christen einen lebendigen Geist, der beständig wirkt. Wie also lässt sich die Veränderung durch die Taufe einmalig und zugleich beständig denken? Ich greife zu einem vertrauten biblischen Bild. Solange ein Mensch im Licht steht, hat er Orientierung und strahlt Zuversicht aus. Wenn er dagegen im Schatten, ja im Dunkel steht, verfinstert sich sein Leben. Angst und Sorge machen sich breit!

So hängt alles am Licht des Geistes. Bescheint mich der Geist der Liebe, dann kann ich Kraft und Wärme ausstrahlen. Wenn ich aber in den Schatten der Liebe gerate, wird mir Gott fremd, und es muss finster in mir und um mich werden. Beides also kann ein Mensch sein, wie Luther lehrt: alter Adam, Eva oder ein „neuer Mensch in unschuldiger Gerechtigkeit und Seligkeit"! Doch was von beiden ist er, Lichtgestalt oder finsterer Geselle, Engel oder Teufel? Das entscheidet sich allein daran, ob er im Licht steht oder in der Finsternis.

Dafür fanden die Alten einen treffenden Vergleich: Ein Getaufter gleicht einem Haus, bei dem die Fensterläden am hellen Tag dicht verrammelt sind. Kein Lichtstrahl kann nach innen dringen. Trotz heller Sonne draußen ist es drinnen ganz finster. So steht er zwar im Licht göttlicher Liebe; aber sein Inneres wird von ihrem Schein nicht erreicht. Erst wenn er gleichsam die Fensterläden von innen aufstößt, strömt das Licht der göttlichen Liebe in sein Inneres und verwandelt ihn. Das heißt Glauben und so realisiert sich die Taufe in der täglichen Erneuerung!

Die Taufe als Aufnahme in die Kirche

Eph 2,11-14,18-22

Darum denkt daran, daß ihr, die ihr von Geburt einst Heiden wart und Unbeschnittene genannt wurdet von denen, die äußerlich beschnitten sind, daß ihr zu jener Zeit ohne Christus wart, ausgeschlossen vom Bürgerrecht Israels und Fremde außerhalb des Bundes der Verheißung; daher hattet ihr keine Hoffnung und wart ohne Gott in der Welt. Jetzt aber in Christus Jesus seid ihr, die ihr einst Ferne wart, Nahe geworden durch das Blut Christi. Denn Er ist unser Friede, der aus beiden eines gemacht hat und den Zaun abgebrochen hat, der dazwischen war, nämlich die Feindschaft. ...

Denn durch ihn haben wir alle beide in einem Geist den Zugang zum Vater. So seid ihr nun nicht mehr Gäste und Fremdlinge, sondern Mitbürger der Heiligen und Gottes Hausgenossen, erbaut auf den Grund der Apostel und Propheten, da Jesus Christus der Eckstein ist, auf welchem der ganze Bau ineinandergefügt wächst zu einem heiligen Tempel in dem Herrn. Durch ihn werdet auch ihr miterbaut zu einer Wohnung Gottes im Geist.

EG 619,1-3.6

Damit aus Fremden Freunde werden,
kommst du als Mensch in unsre Zeit:
Du gehst den Weg durch Leid uns Armut,
damit die Botschaft uns befreit.

Damit aus Fremden Freunde werden,
gehst du als Bruder durch das Land,
begegnest uns in allen Rassen und machst
die Menschlichkeit bekannt.

Damit aus Fremden Freunde werden,
lebst du die Liebe bis zum Tod.
Du zeigst den neuen Weg des Friedens,
das sei uns Auftrag und Gebot.

Damit aus Fremden Freunde werden,
gibst du uns deinen Heilgen Geist
der, trotz der vielen Völker Grenzen,
den Weg zur Einigkeit uns weist.

Damit aus Fremden Freunde werden

Von Globalisierung sprechen wir heute viel – im Negativen wie im Positiven. Doch wer „brockte uns diese Suppe ein“? Geschichtlich kam es mit Kolumbus die Erkenntnis einer runden Erde und damit die Globalisierung zur Herrschaft. Früher und tiefer jedoch liegt der Grund für die Einheit aller Menschen. Sie gründet im Kommen des Christus, der durch die Taufe ein neues Volk aus allen Völkern bildet.

Paulus konnte gar nicht schnell genug bis an die Enden des damaligen römischen Weltreiches kommen (Röm 15,23-25): „Nun aber habe ich keine Aufgabe mehr in diesen Ländern, habe aber seit vielen Jahren das Verlangen, zu euch zu kommen, wenn ich nach Spanien reisen werde. Denn ich hoffe, daß ich bei euch durchreisen und euch sehen kann und von euch dorthin weitergeleitet werde, doch so, daß ich mich zuvor ein wenig an euch erquicke. Jetzt aber fahre ich hin nach Jerusalem, um den Heiligen zu dienen.“ Wir wissen, dass er seine Pläne wegen seiner Gefangennahme nicht mehr verwirklichen konnte.

Von diesem Anfang an wachsen in Christus Fremde zu einer neuen Gemeinschaft, zu einem neuen Leib zusammen. Juden, Griechen und Römer, später Germanen und Slawen; dann die vielen Völker Amerikas, Afrikas und Asiens und Australiens. Fremd sind sich Völker und Rassen. Verschieden sind ihre Kulturen. Und doch werden sie zu einer Kirche aus Fernen und Nahen.

Doch ist davon leichter gesagt als getan! Denn alles Fremde hat ein Janusgesicht, d.h. ein Doppelgesicht mit einer feindlichen und einer freundlichen Seite. Das Fremde macht uns Angst. Andere Sitten, anderes Verhalten, andere Werte bedrohen uns. Aber das Fremde ziehen uns auch an. Wie anders ließe sich sonst unser Fernweh erklären?

In Christus tritt zwischen zwei Fremde das Geheimnis seiner Liebe, die das Schwache im anderen schützt und ihm mit seiner eigenen Stärke dient. Also nicht mehr Stärke gegen Schwäche! Denn dann schlägt Fremdheit in Feindschaft um. Sondern Stärke für die Schwäche und Schwäche für die Stärke. So werden beide verbunden durch das Geheimnis der Liebe: Damit aus Fremden Freunde werden in einer Kirche.

Die Taufe und die Geistesgaben

I Kor 12,4-14

Es sind verschiedene Gaben; aber es ist ein Geist. Und es sind verschiedene Ämter; aber es ist ein Herr. Und es sind verschiedene Kräfte; aber es ist ein Gott, der da wirkt alles in allen. In einem jeden offenbart sich der Geist zum Nutzen aller; dem einen wird durch den Geist gegeben, von der Weisheit zu reden; dem andern wird gegeben, von der Erkenntnis zu reden, nach demselben Geist; einem andern Glaube, in demselben Geist; einem andern die Gabe, gesund zu machen, in dem einen Geist; einem andern die Kraft, Wunder zu tun; einem andern prophetische Rede; einem andern die Gabe, die Geister zu unterscheiden; einem andern mancherlei Zungenrede; einem andern die Gabe, sie auszulegen. Dies alles aber wirkt derselbe eine Geist und teilt einem jeden das Seine zu, wie er will. Denn wie der Leib einer ist und doch viele Glieder hat, alle Glieder des Leibes aber, obwohl sie viele sind, doch ein Leib sind: so auch Christus. Denn wir sind durch einen Geist alle zu einem Leib getauft, wir seien Juden oder Griechen, Sklaven oder Freie, und sind alle mit einem Geist getränkt. Denn auch der Leib ist nicht ein Glied, sondern viele.

I Kor 14,1-3.18f

Strebt nach der Liebe! Bemüht euch um die Gaben des Geistes, am meisten aber um die Gabe der prophetischen Rede! Denn wer in Zungen redet, der redet nicht für Menschen, sondern für Gott; denn niemand versteht ihn, vielmehr redet er im Geist von Geheimnissen. Wer aber prophetisch redet, der redet den Menschen zur Erbauung und zur Ermahnung und zur Tröstung. ... Ich danke Gott, daß ich mehr in Zungen rede als ihr alle. Aber ich will in der Gemeinde lieber fünf Worte reden mit meinem Verstand, damit ich auch andere unterweise, als zehntausend Worte in Zungen.

Dreifach begabt durch Natur, Glauben und Geist

In dem deutschen Begriff Begabung steckt das Wort Gabe; und das kommt wiederum von dem Wort Geben. Eine Gabe wird mir gegeben. Ein anderer also ist es, der mich begabt! So spiegelt sich in der Sprache die Wahrheit des Gebens wider. Wir glauben den dreieinigen Gott als Geber aller Gaben, der uns in der Taufe dreifach beschenkt. Er begabt als Vater durch die Natur, als Sohn durch den Glauben und als Geist durch besondere Geistesgaben.

Am einfachsten tun wir uns mit den natürlichen Gaben. Da ist einer geduldig und kann viel ertragen. Eine andere ist wortgewandt und kann vieles erklären. Ein dritter ist stürmisch und kann viel verändern. Manche Gabe liegen im Erbe einer Familie, andere im Typus und schließlich gibt es ganz individuelle. Dazu kommt noch ihre Entfaltung in der eigenen Geschichte.

Unglücklicherweise geschieht aber auch das Umgekehrte. Begabungen bleiben unerkannt, werden verschüttet oder gar durch Erziehung geknickt. Da setzt der Glaube ein. Denn er kann solche verschütteten Gaben im Menschen befreien. Im Vertrauen auf die Liebe Gottes kann einer seine Fehlerlebnisse überwinden. Der Glaube kann seine heilenden Kräfte am Versehrten wirksam werden lassen. Im Glauben erfährt ein Mensch sein persönliches Wunder. Was er sich niemals zutraute, erstarkt in ihm kraft der Liebe, die Jesus in die Welt bringt!

Darüber hinaus gibt es besondere Geistesgaben, die allerdings vielen zu schaffen machen. Doch Paulus wusste von ihnen. Diese Gaben haben mit Begeisterung zu tun! Denn wo der Geist der Liebe einen Menschen ergreift, begeistert er auch. Paulus nennt als Beispiele dafür die Zungenrede und die Prophetie.

Aber es gibt noch weit mehr Geistesgaben, die aus dem Überfluss der Liebe, aus dem Innersten eines Menschen kommen. Sie übersteigen Natur und Glauben, ob es die Gabe der Intuition, der Heilung oder der Unterscheidung von Geistern ist – sie alle liegen jenseits unserer Fassungskraft; auch sie sind uns in der Taufe gegeben!

Du machst mich zu deinem Mittler

Die Taufe und das Priestertum aller Gläubigen

I Petr 2,4-10

Zu ihm kommt als zu dem lebendigen Stein, der von den Menschen verworfen ist, aber bei Gott auserwählt und kostbar. Und auch ihr als lebendige Steine erbaut euch zum geistlichen Hause und zur heiligen Priesterschaft, zu opfern geistliche Opfer, die Gott wohlgefällig sind durch Jesus Christus.

Darum steht in der Schrift: „Siehe, ich lege in Zion einen auserwählten, kostbaren Eckstein; und wer an ihn glaubt, der soll nicht zuschanden werden." Für euch nun, die ihr glaubt, ist er kostbar; für die Ungläubigen aber ist „der Stein, den die Bauleute verworfen haben und der zum Eckstein geworden ist, ein Stein des Anstoßes und ein Fels des Ärgernisses"; sie stoßen sich an ihm, weil sie nicht an das Wort glauben, wozu sie auch bestimmt sind.

Ihr aber seid das auserwählte Geschlecht, die königliche Priesterschaft, das heilige Volk, das Volk des Eigentums, daß ihr verkündigen sollt die Wohltaten dessen, der euch berufen hat von der Finsternis zu seinem wunderbaren Licht; die ihr einst „nicht ein Volk" wart, nun aber „Gottes Volk" seid, und einst nicht in Gnaden wart, nun aber in Gnaden seid.

Fontäne 298,3[29]

Sind mit Sorgen wir beladen,
sei es frühe oder spät,
hilft uns sicher unser Jesus,
fliehn zu ihm wir im Gebet.
Sind von Freunden wir verlassen
Und wir gehen ins Gebet,
o, so ist und Jesus alles:
König, Priester und Prophet!

Priesterliche Menschen braucht die Welt

In allen höheren Religionen werden heilige Menschen, Männer und Frauen für den Dienst der Gottheit ausgesondert. Als Priesterinnen und Priester vermitteln sie zwischen Himmel und Erde, zwischen dem Heiligem in der Mitte und Profanem, d.h. dem, was vor dem Heiligen liegt. Sie sind nötig, weil der Umgang mit dem Heiligen ebenso lebenswichtig wie gefährlich ist. Denn der Geist Gottes ist wie das Feuer. Es wärmt das Leben, aber wer ihm zu nahe kommt, den verbrennt es auch! Damit bei der Freisetzung heiliger Kräfte kein Unheil geschieht, werden Priesterinnen und Priester ausgesondert, die mit diesen Gewalten umgehen lernen.

Die katholische Unterscheidung von Priestern und Laien hebt Luther auf. So verändert er das Christentum grundlegend: Nicht nur einige, nein alle Christen sind durch die Taufe zum priesterlichen Dienst ausgesondert! Denn mit der Gabe des Geistes brennt in jedem Christen das gleiche göttliche Feuer der Liebe, wenn niemand es dämpft! Deswegen kann auch jeder Glaubende auf seine Weise Liebe in die Welt tragen, in ihre Dunkelheiten, Bosheiten und Verlorenheiten. Priesterlich Glaubende bringen die Wärme des Himmels auf unsere oft so kalte Erde!

Muss einem nicht der Atem stocken bei diesem kühnen Entwurf? Wer darf sich anmaßen, das Feuer der Liebe in sich zu tragen? Muten sich die Christen damit nicht zuviel zu? In der Tat, wenn sie ohne den Geist Gottes agieren wollten! Doch mit ihm sind sie seit ihrer Taufe verbunden; und er nimmt er in seine widersprüchliche Einheit hinein: zwischen Gott und Mensch, zwischen Armut und Reichtum, zwischen Vollmacht und Ohnmacht, zwischen Größe und Kleinheit, zwischen Tod und Leben.

Nicht weil Christen so großartige Menschen wären, wirken sie priesterlich, sondern weil sie diesen Geist Gottes in sich wirken lassen. Gerade das Zulassen des Niedrigen und nicht nur das Streben nach Hohem entfacht das Feuer. Es kann flackern, niederbrennen, erlöschen. Doch entzündet es sich in dem Moment, in dem der Glaube den Geist des Christus in sich aufnimmt. Feuer der Liebe, das nach Luther Sünde, Tod und Teufel überwindet!

5 | Die fünfte Säule am Freitag: Das Abendmahl

Der Freitag als Todestag Jesu erinnert an sein Sterben, dass nicht nur erzwungene Verwerfung durch menschliches Urteil ist, sondern freiwillige, liebende Hingabe seines Lebens aus Liebe; sie wird in jeder Feier des heiligen Abendmahls vergegenwärtigt.

Die germanische Göttin Freya gab diesem Tag den Namen; sie heißt bei den Römern Venus und den Griechen Aphrodite. So ist der Freitag seit alten Zeiten der Liebe geweiht. Dass er durch den Kreuzestod Jesu der höchsten Liebe gehört, gibt den alten Bestimmungen eine neue, tiefere Bedeutung und verklärt so das Wesen der Liebe. Sie ist Hingabe des eigenen Lebens für andere.

Die Kreuzigung gibt dem Freitag in der Geschichte der Christenheit eine thematische Geschlossenheit: In der Orthodoxen Kirche wird daher freitags des Heiligen Kreuzes gedacht, in der Katholischen des Leidens und der Erlösung, in der Lutherischen Orthodoxie ebenfalls des Leidens, im Evangelischen Tagzeitenbuch des Kreuzes und im Evangelischen Gesangbuch der Vergebung der Sünden sowie des Leidens aller Menschen. So auch das Amelungsborner Brevier! Die Losungen gedenken unserer Kirche und Gemeinde.

Die fünfte Säule ist nach dem Katechismus das Abendmahl. Symbolisch nimmt es viele Momente des Kreuzes in sich auf: Opfertod und Vergebung, Hingabe und Vereinigung in der Liebe, Solidarität im Leiden und Gemeinschaft der Erlösten.

Die mit dem Abendmahl eng verknüpfte Vergebung, die Luther so überaus wichtig ist, findet sich im Zusammenhang mit Buße und Beichte am Samstag. Dafür eröffnet die Bitte um das tägliche Brot aus dem Vaterunser das Geheimnis jeder Mahlgemeinschaft.

Gib uns unser täglich Brot

Die vierte Bitte des Vaterunsers

Unser täglich Brot gib uns heute.

KK: Was ist das?

Gott gibt das tägliche Brot auch ohne unsere Bitte allen bösen Menschen;
aber wir bitten in diesem Gebet, daß er's uns erkennen lasse
und wir mit Danksagung empfangen unser täglich Brot.

Was heißt denn täglich Brot?
Alles was not tut für Leib und Leben,
wie Essen, Trinken, Kleider, Schuh, Haus, Hof, Acker,
Vieh, Geld, Gut,
fromme Eheleute, fromme Kinder, fromme Gehilfen,
fromme und treue Oberherren, gute Regierung,
gut Wetter, Friede, Gesundheit, Zucht, Ehre,
gute Freunde, getreue Nachbarn und desgleichen.

Gen 18,1-5

Und der HERR erschien ihm [Abraham] im Hain Mamre, während er an der Tür seines Zeltes saß, als der Tag am heißesten war. Und als er seine Augen aufhob und sah, siehe, da standen drei Männer vor ihm. Und als er sie sah, lief er ihnen entgegen von der Tür seines Zeltes und neigte sich zur Erde und sprach: Herr, hab ich Gnade gefunden vor deinen Augen, so geh nicht an deinem Knecht vorüber. Man soll euch ein wenig Wasser bringen, eure Füße zu waschen, und laßt euch nieder unter dem Baum. Und ich will euch einen Bissen Brot bringen, daß ihr euer Herz labet; danach mögt ihr weiterziehen. Denn darum seid ihr bei eurem Knecht vorübergekommen. Sie sprachen: Tu, wie du gesagt hast.

Gastfreundschaft und Mahlgemeinschaft

In früherer Zeit hatten Mahlzeiten eine ganz andere Bedeutung, da die meisten Menschen ständig mit dem Mangel leben mussten. Sie dienen nicht nur der Sättigung, sondern waren und sind tiefes Zeichen von Freundlichkeit und Gemeinschaft. Wer als Gastfreund zum Mahl geladen wird, gehört zur Familie und steht gegen Feinde und Böswillige unter besonderem Schutz. So ist das gemeinsame Mahl, das Teilen des Brots seit Urzeiten Symbol für Gastfreundschaft, Friedensschluss und Verbundenheit!

Aber verbindet uns noch das gemeinsame Mahl oder die Bitte um das tägliche Brot? Den einen wird der Zugang zu diesem Gebet schwer, weil sie trotz Bitten ständig zu wenig haben, den anderen, weil sie in ständigem Überfluss leben. Hunger und Übersättigung sind ungleich verteilt. Während früher eine Sippe, ein Dorf, ein Land gemeinsam hungerte oder die Fülle genoss, lebt heute ein Teil der Menschen im ständigen Mangel und ein anderer im permanenten Überfluss! In der Bitte um das tägliche Brot beten wir auch darum, dass beide zusammenkommen und das Teilen lernen.

Doch trotz der Fülle des Brotes herrscht auch bei uns Mangel. Müssten wir die vierte Bitte nicht noch anders beten? Unsere tägliche Arbeit gib uns heute! Denn das Damoklesschwert der Arbeitslosigkeit hängt über allen modernen Gesellschaften. Maschinen, die dem Menschen die Arbeit erleichtern, nehmen sie ihm auch weg. Oder: Unser täglich Geld gibt uns heute! Denn ohne Geld geht in der modernen Welt nichts.

Schließlich: Unser tägliches Ja gib uns heute! Denn wer kann ohne ein gutes Wort, eine ehrliche Anerkennung leben? Dass ich als Person gewürdigt, meine Arbeit geschätzt wird, ist lebenswichtig! Und dann könnte einer, eine noch um Weiteres bitten: „Unser tägliches Stück Liebe, Glück, Freude, unseren Frieden und unsere Gesundheit gib uns heute!“

Schließlich bitten wir in diesem Gebet darum, dass wir auch die tägliche Geduld haben, das Schwere zu ertragen. Die tägliche Langmut, dem anderen zu vergeben. Die tägliche Hoffnung, den nächsten Schritt zu gehen. Kurzum wir bitten um alles, was einer, eine braucht, um auch in den schweren Stunden des Lebens standzuhalten!

Das Abendmahl als Opfermahl

Ex 12, 1-3.5-14

Der HERR aber sprach zu Mose und Aaron in Ägyptenland: Dieser Monat soll bei euch der erste Monat sein, und von ihm an sollt ihr die Monate des Jahres zählen. Sagt der ganzen Gemeinde Israel: Am zehnten Tage dieses Monats nehme jeder Hausvater ein Lamm, je ein Lamm für ein Haus. ... Ihr sollt aber ein solches Lamm nehmen, an dem kein Fehler ist, ein männliches Tier, ein Jahr alt. Von den Schafen und Ziegen sollt ihr's nehmen und sollt es verwahren bis zum vierzehnten Tag des Monats. Da soll es die ganze Gemeinde Israel schlachten gegen Abend.

Und sie sollen von seinem Blut nehmen und beide Pfosten an der Tür und die obere Schwelle damit bestreichen an den Häusern, in denen sie's essen, und sollen das Fleisch essen in derselben Nacht, am Feuer gebraten, und ungesäuertes Brot dazu, und sollen es mit bitteren Kräutern essen. Ihr sollt es weder roh essen noch mit Wasser gekocht, sondern am Feuer gebraten mit Kopf, Schenkeln und inneren Teilen. Und ihr sollt nichts davon übriglassen bis zum Morgen; wenn aber etwas übrigbleibt bis zum Morgen, sollt ihr's mit Feuer verbrennen.

So sollt ihr's aber essen: Um eure Lenden sollt ihr gegürtet sein und eure Schuhe an euren Füßen haben und den Stab in der Hand und sollt es essen als die, die hinwegeilen; es ist des HERRN Passa. Denn ich will in derselben Nacht durch Ägyptenland gehen und alle Erstgeburt schlagen in Ägyptenland unter Mensch und Vieh und will Strafgericht halten über alle Götter der Ägypter, ich, der HERR. ... Dann aber soll das Blut euer Zeichen sein an den Häusern, in denen ihr seid: Wo ich das Blut sehe, will ich an euch vorübergehen, und die Plage soll euch nicht widerfahren, die das Verderben bringt, wenn ich Ägyptenland schlage. Ihr sollt diesen Tag als Gedenktag haben und sollt ihn feiern als ein Fest für den HERRN, ihr und alle eure Nachkommen, als ewige Ordnung.

Befremdlicher Brauch des Opferns

Fremd ist uns Heutigen das Opfer geworden. Doppelt fremd, seit uns die industrielle Fertigung vom Ursprung unserer Nahrung entfremdete; fremd aber auch, weil in einer Zeit individueller Selbstverwirklichung Opfer verpönt sind. Viele lehnen darüber hinaus das Abendmahl ab, weil ihnen unvorstellbar ist ihnen, dass sie darin – und sei es nur symbolisch – Fleisch und Blut von Jesus Christus verzehren. Kannibalisch erscheint ihnen das heilige Mahl.

Um zu verstehen gilt es weit zurückzublicken: Alles Leben lebt vom Opfer! Das gehört zu seinem tiefsten Wesen. Offensichtlich wird es, wo das Leben von Tieren geopfert wird, damit wir ihr Fleisch verzehren können. Die Sintflutgeschichte zeugt noch von den tiefen Erschütterungen, als die Menschheit sich am Lebendigen vergriff. Erst Gottes Regenbogen und der Opferaltar Noahs konnten diesen Eingriff ins Leben heiligen.

Doch auch wer um des Lebens willen auf Fleisch verzichtet, muss opfern. Denn auch die Pflanzen sind voller Leben. Ihr Eigenleben ist dem Menschen zwar fremder ist als das tierische. Deswegen empfindet er das Opfern nicht so stark. Selbst die anorganische Materie steht in diesen Opferzyklus. Das Salzkorn muss sich beispielsweise opfern und in der Suppe auflösen, wenn sie schmecken soll.

Wenn dergestalt das Opfer wesentlich zur Wirklichkeit des Lebens gehört, dann muss Opfern auch in der Religion an zentraler Stelle stehen. Die Notwendigkeit dazu wird in der jüdisch-christlichen Tradition des Passahmahles deutlich. Der Tod geht um, wo immer Menschen sich verfehlen. Das steht hinter dem Würgeengel. Beziehungen zerbrechen, Vertrauen geht verloren, Leben wird zerstört. Das fordert als Sühne den Tod! Gegen diesen Tod schützt nur ein anderer Tod, ein stellvertretener Tod, der Tod eines unschuldigen Lammes! Dann geht der Würgeengel vorüber.

Das mehr als tausend Jahre alte Passahmahl deutet Jesus in seinen letzten Stunden auf sich und sein Sterben neu: Er opfert sich selbst als Lamm Gottes, damit der Tod an uns vorübergehe. Dadurch kann der an Liebe und Leben schuldig gewordene Mensch zur Freiheit und Unschuld zurückkehren.

Das Abendmahl zum Ersten

KK: WAS IST DAS SAKRAMENT DES ALTARS?

Es ist der wahre Leib und Blut
unsers Herrn Jesus Christus,
unter dem Brot und Wein
uns Christen zu essen und zu trinken
von Christus selbst eingesetzt.

Mt 26,19-30

Und die Jünger taten, wie ihnen Jesus befohlen hatte, und bereiteten das Passalamm. Und am Abend setzte er sich zu Tisch mit den Zwölfen. Und als sie aßen, sprach er: Wahrlich, ich sage euch: Einer unter euch wird mich verraten. Und sie wurden sehr betrübt und fingen an, jeder einzeln, ihn zu fragen: Herr, bin ich's? Er antwortete und sprach: Der die Hand mit mir in die Schüssel taucht, der wird mich verraten. Der Menschensohn geht zwar dahin, wie von ihm geschrieben steht; doch weh dem Menschen, durch den der Menschensohn verraten wird! Es wäre für diesen Menschen besser, wenn er nie geboren wäre. Da antwortete Judas, der ihn verriet, und sprach: Bin ich's, Rabbi? Er sprach zu ihm: Du sagst es.

Als sie aber aßen, nahm Jesus das Brot, dankte und brach's und gab's den Jüngern und sprach: Nehmet, esset; das ist mein Leib. Und er nahm den Kelch und dankte, gab ihnen den und sprach: Trinket alle daraus; das ist mein Blut des Bundes, das vergossen wird für viele zur Vergebung der Sünden. Ich sage euch: Ich werde von nun an nicht mehr von diesem Gewächs des Weinstocks trinken bis an den Tag, an dem ich von neuem davon trinken werde mit euch in meines Vaters Reich.

Und als sie den Lobgesang gesungen hatten, gingen sie hinaus an den Ölberg.

Christus verwandelt die Schatten des Todes

Jedes Enden hat zwei Gesichter. Es gibt das natürliche Sterben; einer versammelt sich alt und lebenssatt zu seinen Vätern, wie es so treffend in der Bibel heißt. Aber Menschen werden oft viel zu früh und viel zu bitter aus dem Leben herausgerissen. Da ist mehr als Sterben, da ist der Tod am Werk. Er wirft die dunklen Schatten von Angst und Sorge über jedes Enden!

Das Böse steht in einem unlöslichen Zusammenhang mit dem Tod. Das meint Paulus mit dem Wort (Röm 6,23): „Der Tod ist der Sünde Sold!" Überall, wo das Böse sein zerstörerisches Werk treibt, herrscht die Macht des Todes. Und überhall, wo der Tod mit Angst und Sorge herrscht, da ist das Böse mächtig. Da wird das Selbstvertrauen eines Kindes geknickt, weil es die Eltern in starrsinniger Weise erziehen. Da zerbricht einer den Bund der Treue, weil er seine Sehnsucht nach anderen nicht mehr zügeln kann. Da greift ein Mensch zur Gewalt, um sich und seine Bedürfnisse widerrechtlich durchzusetzen.

Jesus starb weder an Altersschwäche noch im aktiven Kampf für sein Volk. Seit längerem schon braute sich eine dunkle Wolke von Hass und starren Urteilen über ihm zusammen. Das Böse gipfelt im Verrat seines vertrauten Jüngers! Er weiß, dass er wird sterben müssen. Sorge religiöser Institutionen, Konfliktscheu politischer Machthaber, Hass der Zu-kurz-Gekommenen: So ist das Böse in der Welt und bedroht die Verbundenheit der Liebe!

Wie werden die Jünger nach Karfreitag dastehen? Selbst verbittert, zerrissen und enttäuscht durch den hässlichen Schatten des Todes? Als rachedürstende Terroristen und Revolutionäre? Beim Passahmahl verwandelt Jesus die hässlichen Schatten des Todes in sein herrliches Licht: Nicht Justizirrtum, Freundesverrat und Blutdurst des Mobs werden ihn töten. Sondern freiwillig geht er im Namen Gottes in den Tod. So nimmt er mit seinem Sterben dem Tod Angst, Sorge und Macht! Im Abendmahl gibt er uns ein Symbol seines freien Opfers und seiner liebenden Hingabe. Er verwandelt das hässliche Gesicht des Todes in ein warmes, herzliches!

Deine Schönheit liegt im Leiden

Das Abendmahl und der Knecht Gottes

Jes 53,1-7.11f

Aber wer glaubt dem, was uns verkündet wurde, und wem ist der Arm des HERRN offenbart? Er schoß auf vor ihm wie ein Reis und wie eine Wurzel aus dürrem Erdreich. Er hatte keine Gestalt und Hoheit. Wir sahen ihn, aber da war keine Gestalt, die uns gefallen hätte. Er war der Allerverachtetste und Unwerteste, voller Schmerzen und Krankheit. Er war so verachtet, daß man das Angesicht vor ihm verbarg; darum haben wir ihn für nichts geachtet.

Fürwahr, er trug unsre Krankheit und lud auf sich unsre Schmerzen. Wir aber hielten ihn für den, der geplagt und von Gott geschlagen und gemartert wäre. Aber er ist um unsrer Missetat willen verwundet und um unsrer Sünde willen zerschlagen. Die Strafe liegt auf ihm, auf daß wir Frieden hätten, und durch seine Wunden sind wir geheilt.

Wir gingen alle in die Irre wie Schafe, ein jeder sah auf seinen Weg. Aber der HERR warf unser aller Sünde auf ihn. Als er gemartert ward, litt er doch willig und tat seinen Mund nicht auf wie ein Lamm, das zur Schlachtbank geführt wird; und wie ein Schaf, das verstummt vor seinem Scherer, tat er seinen Mund nicht auf.

Weil seine Seele sich abgemüht hat, wird er das Licht schauen und die Fülle haben. Und durch seine Erkenntnis wird er, mein Knecht, der Gerechte, den Vielen Gerechtigkeit schaffen; denn er trägt ihre Sünden. Darum will ich ihm die Vielen zur Beute geben, und er soll die Starken zum Raube haben, dafür daß er sein Leben in den Tod gegeben hat und den Übeltätern gleichgerechnet ist und er die Sünde der Vielen getragen hat und für die Übeltäter gebeten.

Anstößige Wahrheit vom Kreuz

Unverständnis ist die normale Reaktion auf einen Gott, der am Kreuz stirbt. Unverständnis auch, weil der Sohn Gottes an seinem Vater verzweifelt: „Mein Gott, mein Gott, warum hast du mich verlassen?" Unverständnis für den Freitag, für das Kreuz, für das Christentum! „Den Griechen eine Torheit und den Juden ein Skandal!", schreibt der Apostel Paulus.

Doch schon fünfhundert Jahre vor Jesus wuchs in Israel eine Ahnung, dass nur ein Knecht nur die Menschheit erlösen könne. Die Bibel berichtet, wie ein Finanzminister der Königin Kandake aus Äthiopien sich mit diesem Jesajawort vom Knecht Gottes abmüht. Er weiß, dass nur die Schönsten, die Klügsten und Tüchtigsten Chancen haben an den Höfen und in den Zentren der Macht. Wieso aber ein hässlicher Knecht der Held Gottes werden und uns Menschen befreien können soll, bleibt ihm verschlossen.

Doch Philippus, einer der Jünger konnte ihm das Unverständliche erklären. Weil dieser Jesus in die tiefsten Tiefen hinabstieg, wurde er von Gott in die höchsten Höhen erhoben. Der ist wahrhaft der Höhe würdig, der die Tiefe in sich zulässt, ja sie sogar durchschreitet. Der erst besitzt die wahre Schönheit, der die Hässlichkeit in sich überwindet. Der allein verdient das volle Leben, der den Tod nicht scheut. So paradox es klingt: Gottes wahre Größe liegt darin, dass er auch klein, schwach und wehrlos wurde!

Gott kehrt in seiner Liebe die menschliche Werteordnung um. Die Herrschaft über das Leben und die Liebe beginnt in den Tälern des Leidens und des Todes. Deswegen ist der traurige Freitag zutiefst ein Freudentag. Denn nicht mehr allein ist einer in seinem Leiden. Gott und seine ganze Glückseligkeit sind seit Karfreitag in seiner Nähe!

So wird ein Mensch stark durch die Schwäche Gottes! Wie anders soll ein Mensch sich im Abgründigen verstehen, wenn nicht in dem, der in das Reich der Toten hinabstieg? Wie anders soll ein Mensch frei werden, wenn nicht durch den, der sich zum Knecht aller macht? Er ist das lebendige Geheimnis des Gegenteils, welches das tiefste Wesen der Liebe ausmacht. Der Knecht Gottes ist Herr über alle Welt und sitzt als Christus zur Rechten Gottes.

Du bist Liebe ohnegleichen

Das Abendmahl als Liebesmahl

Joh 15,9-17

Wie mich mein Vater liebt, so liebe ich euch auch. Bleibt in meiner Liebe! Wenn ihr meine Gebote haltet, so bleibt ihr in meiner Liebe, wie ich meines Vaters Gebote halte und bleibe in seiner Liebe. Das sage ich euch, damit meine Freude in euch bleibe und eure Freude vollkommen werde.

Das ist mein Gebot, daß ihr euch untereinander liebt, wie ich euch liebe. Niemand hat größere Liebe als die, daß er sein Leben läßt für seine Freunde. Ihr seid meine Freunde, wenn ihr tut, was ich euch gebiete.

Ich sage hinfort nicht, daß ihr Knechte seid; denn ein Knecht weiß nicht, was sein Herr tut. Euch aber habe ich gesagt, daß ihr Freunde seid; denn alles, was ich von meinem Vater gehört habe, habe ich euch kundgetan. Nicht ihr habt mich erwählt, sondern ich habe euch erwählt und bestimmt, daß ihr hingeht und Frucht bringt und eure Frucht bleibt, damit, wenn ihr den Vater bittet in meinem Namen, er's euch gebe. Das gebiete ich euch, daß ihr euch untereinander liebt.

EG 83,1

Ein Lämmlein geht und trägt die Schuld
der Welt und ihrer Kinder;
es geht und büßet in Geduld
die Sünden aller Sünder; es geht dahin, wird matt und krank,
ergibt sich auf die Marterbank, entsaget allen Freuden;
es nimmet an Schmach, Hohn und Spott,
Angst, Wunden, Striemen, Kreuz und Tod
und spricht: „Ich will's gern leiden."

Leibhaftige Erinnerung einer Freundschaft

Schon die alten Griechen rühmten die Freundschaft als höchstes Glück. Denn sie vereint Freiheit und Verbundenheit. Von innen heraus und ohne jeden äußeren Zwang halten zwei Menschen zusammen. Sie stehen als Gleiche und doch Verschiedene auf einer Ebene.

Doch Freundschaft mit Gott? Widerspricht dem nicht der unendliche Unterschied zwischen Gott und Mensch? Nur ein einziger wird in der Schrift gewürdigt, Freund Gottes zu heißen (Ex 33,11): „Der HERR aber redete mit Mose von Angesicht zu Angesicht, wie ein Mann mit seinem Freunde redet." Weit war er aus den Niederungen des Volks hinaufgestiegen in die lichten, klaren Höhen des Gottesbergs. So hoch war er über gewöhnliche Menschen erhöht, dass er sich Freund des Ewigen nennen durfte.

Doch mehr gehören zu dieser Freundschaft bei einem geheimnisvollen Mahl (Ex 24,9-11): „Da stiegen Mose und Aaron, Nadab und Abihu und siebzig von den Ältesten Israels hinauf und sahen den Gott Israels. Unter seinen Füßen war es wie eine Fläche von Saphir und wie der Himmel, wenn es klar ist. Und er reckte seine Hand nicht aus wider die Edlen Israels. Und als sie Gott geschaut hatten, aßen und tranken sie." Urbild für das Abendmahls, bei dem Gott mit uns an einem Tisch sitzt!

Was aber in großer Ausnahme von den Alten berichtet wird, gilt seit Christus für alle. Der Verstand sagt mir zwar: Freundschaft zwischen mir und Gott ist undenkbar! Denn je höher ich hinauszusteigen versuche, desto schärfer fallen meine Schatten und ich werde in meine eigene Tiefe zurückgeworfen. Das war doch Luthers Erfahrung im Kloster!

Aber wenn der Mensch nicht hinaufsteigen kann, dann kann Gott zu ihm hinabsteigen. In Jesus steigt er so tief herunter, dass er sogar mit seinem Verräter an einem Tisch sitzt. Wahre Freundschaft schließt er mit uns, weil er am Kreuz mir und dir wirklich gleich, gleichwertig, gleichberechtigt und gleichartig wird; denn alle Schatten und alle Tiefe liegen nun auf ihm. Im gemeinsamen Mahl seiner Liebe feiern wir die wahre Freundschaft mit ihm.

Gottes Allgegenwart im Abendmahl

Ps 139,1-16

HERR, du erforschest mich und kennest mich.
Ich sitze oder stehe auf, so weißt du es;
du verstehst meine Gedanken von ferne.
Ich gehe oder liege, so bist du um mich
und siehst alle meine Wege.
Denn siehe, es ist kein Wort auf meiner Zunge, das du,
HERR, nicht schon wüßtest.
Von allen Seiten umgibst du mich und hältst deine Hand
über mir.
Diese Erkenntnis ist mir zu wunderbar und zu hoch,
ich kann sie nicht begreifen.
Wohin soll ich gehen vor deinem Geist, und wohin
soll ich fliehen vor deinem Angesicht?
Führe ich gen Himmel, so bist du da; bettete ich mich
bei den Toten, siehe, so bist du auch da.
Nähme ich Flügel der Morgenröte und bliebe am
äußersten Meer,
so würde auch dort deine Hand mich führen und deine
Rechte mich halten.
Spräche ich: Finsternis möge mich decken und
Nacht statt Licht um mich sein –,
so wäre auch Finsternis nicht finster bei dir,
und die Nacht leuchtete wie der Tag. Finsternis ist
wie das Licht.
Denn du hast meine Nieren bereitet und hast mich gebildet
im Mutterleibe.
Ich danke dir dafür, daß ich wunderbar gemacht bin;
wunderbar sind deine Werke; das erkennt meine Seele.
Es war dir mein Gebein nicht verborgen, als ich im
Verborgenen gemacht wurde, als ich gebildet wurde
unten in der Erde.
Deine Augen sahen mich, als ich noch nicht bereitet
war, und alle Tage waren in dein Buch geschrieben,
die noch werden sollten und von denen keiner da war.

Wie ist Gott im Abendmahl gegenwärtig? Um diese Frage brach in der Reformation bitterer Streit nicht nur mit den Katholiken, sondern auch unter den Protestanten aus. Leuchtet es doch dem Verstand nicht ein, wie der unendliche Gott in ein kleines Stückchen Brot oder und einen Schluck Wein passen könnte. Was war einfacher, als eine Parallelität anzunehmen? Während ich Brot und Wein esse, vereinigt sich Christus im Glauben mit meiner Seele. So wird das Mysterium fassbar!

Doch Luther widerstand dieser Lösung mit letzter Entschlossenheit. Unerbittlich zerbrach er die Einheit der jungen evangelischen Bewegung an der Abendmahlsfrage. Gott ist inmitten von Brot und Wein, wie die schlichten Einsetzungsworte sagen! Darauf beharrte er. Nicht die Lehre vom Abendmahl müsse sich ändern, sondern unser Denken.

Denn für ihn übersteigt Gottes Unendlichkeit alles Denken: „Denn ein Leib ist der Gottheit viel, viel zu weit und könnten viel tausend Gottheiten hineinpassen. Wiederum ist [ein Leib] auch viel, viel zu eng, als dass auch nur eine einzige Gottheit hineinpasste. Nichts ist so klein, Gott ist noch kleiner. Nichts ist so groß, Gott ist noch größer. Nichts ist so kurz, Gott ist noch kürzer. Nichts ist so lang, Gott ist noch länger. Nichts ist so breit, Gott ist noch breiter. Nichts ist so schmal, Gott ist noch schmaler usw. Er ist ein unaussprechliches Wesen in und außer allem, was man nennen oder denken kann."

Nach Luther ist Gott überall: in jedem Atemzug, in jedem Herzschlag, in jeder Umarmung! Er ist im Schlafen und im Wachen, in den fernsten Galaxien und in den kleinsten Elementarteilchen. Niemand muss ihn erst in die Welt bringen oder gar den Menschen nahe bringen. Er ist ihnen näher als sie sich selbst.

Mit jedem Abendmahl werde ich daran erinnert: Er ist da, hier und jetzt und ganz. Auch wenn ich ihn nicht sehe, so durchdringt seine Gegenwart doch Körper, Seele und Geist. Und nicht irgendwie ist er nahe, sondern als der, der sich hingibt, sein Leben liebend zum Opfer gibt.

Du stärkst mich auf meinen Wegen

Das Abendmahl als Heilmittel zur Ewigkeit

I Reg 19,1-8

Und Ahab sagte Isebel alles, was Elia getan hatte und wie er alle Propheten Baals mit dem Schwert umgebracht hatte. Da sandte Isebel einen Boten zu Elia und ließ ihm sagen: Die Götter sollen mir dies und das tun, wenn ich nicht morgen um diese Zeit dir tue, wie du diesen getan hast!

Da fürchtete er sich, machte sich auf und lief um sein Leben und kam nach Beerscheba in Juda und ließ seinen Diener dort. Er aber ging hin in die Wüste eine Tagereise weit und kam und setzte sich unter einen Wacholder und wünschte sich zu sterben und sprach: Es ist genug, so nimm nun, HERR, meine Seele; ich bin nicht besser als meine Väter.

Und er legte sich hin und schlief unter dem Wacholder. Und siehe, ein Engel rührte ihn an und sprach zu ihm: Steh auf und iß! Und er sah sich um, und siehe, zu seinen Häupten lag ein geröstetes Brot und ein Krug mit Wasser. Und als er gegessen und getrunken hatte, legte er sich wieder schlafen. Und der Engel des HERRN kam zum zweitenmal wieder und rührte ihn an und sprach: Steh auf und iß! Denn du hast einen weiten Weg vor dir.

Und er stand auf und aß und trank und ging durch die Kraft der Speise vierzig Tage und vierzig Nächte bis zum Berg Gottes, dem Horeb.

EG 393,5

Kommt, laßt uns munter wandern, der Weg kürzt immer ab;
ein Tag, der folgt dem andern, bald fällt das Fleisch ins Grab.
Nur noch ein wenig Mut,
nur noch ein wenig treuer, von allen Dingen freier,
gewandt zum ewgen Gut ...

Das Abendmahl als Wegzehrung für die Ewigkeit

Seit alters her wird das Leben mit einem Weg verglichen. Deswegen sprechen wir ja vom Lebensweg oder vom Lebenslauf. So wird auch das Pilgern zum Bild für unsere Lebensreise. Auf unserem Weg durch die Zeit gibt es Phasen des Glücks, der Kraft und der Zuversicht. Aber es gibt auch Zeiten der Müdigkeit und der Depression. Da fehlt jede Kraft zum Weitergehen.

Die Unentrinnbarkeit des nahen Todes warf Elia in eine tiefe Depression. Er wünschte sich den Tod herbei, dem er doch gerade noch entflohen war. Eben noch befand er sich auf dem Gipfel seines Sieges über die Baalspriester; und nun wollte ihn deswegen seine Königin töten lassen. Den nahen Tod vor Augen verzweifelt er am Leben.

Auch anders kann das Leben bedroht werden. Das Zerbrechen einer großen Idee, die mir Triebkraft gab, das Scheitern einer Freundschaft, die mir heilig war, das Sterben eines lieben Menschen - sie können mir die Kraft zum Weiterwandern rauben.

In diesen Stunden ist es mit irdischer Speise und menschlichem Trost allein nicht getan. Elia wurde von einem Engel gestärkt. Dann erst war er in der Lage, sich aus seiner Depression zu erheben. Und nun macht er sich auf den Weg zu Gott, um dem zu begegnen, der den Tod in das Leben, das Aufhören in den Neubeginn und das Scheitern in den Sieg verwandelt.

Dafür setzt Jesus das Abendmahl ein. Wenn aller Mut sinkt, wenn der Glaube an das Gute im Menschen wankt, wenn einer, eine ohne jeden Ausweg ist, dann soll uns dieses Mahl an ihn erinnern, an die Verwandlung seines Todes in die Kraft des Lebens.

Dass sein Opfer der Anfang eines neuen Lebens aus Gott ist, jenseits von Schuld, Vergänglichkeit und Bosheit, daran sollen sich seine Jünger erinnern, wann immer sie zu diesem Mahl zusammenkommen. Im Essen werde ich ganz eins mit dem, der Sünde, Tod und Teufel besiegt. Wo ich das glauben kann, werden Depressionen ihre Macht verlieren Die frühe Christenheit nannte daher das Abendmahl daher auch das „Pharmakon Athanasias“, das Heilmittel der Unsterblichkeit, kraft dessen ein Mensch trotz seiner Schwächen durch die Zeiten bis zur Ewigkeit wandern kann.

6 Die sechste Säule am Samstag: Die Umkehr

Seinen Namen hat der Samstag vom Sabbat, der für die Juden der Tag der Vollendung, Ruhe und Ewigkeit ist. An diesem Tag gedenken jedoch viele in der Christenheit der Zeit und der Vergänglichkeit, weil er für sie als letzter Tag der Woche zählt. Für das moderne Zeitempfinden gehört er mitten ins Wochenende, zur Zeit, in der jeder frei seiner Selbstverwirklichung nachgehen kann. Als Reinemachtag erinnert er an das Samstagsthema Buße.

Wie im Englischen noch herauszuhören – saturday –, wurde am Samstag ursprünglich der römische Gott Saturn verehrt. Er verschmolz mit dem griechischen Gott Chronos und ist als solcher Herr der Zeit. Das mag Auswirkungen auch auf das alte christliche Thema der Vergänglichkeit haben.

Die Orthodoxie gedenkt samstags aller Heiligen und Verstorbenen. Für die Katholische Kirche geht es an diesem Tag um Maria, die Größte unter allen Sterblichen. Die Lutherische Orthodoxie erinnert sich samstags des seligen Endes; und ähnlich hat das Evangelische Tagzeitenbuch die Zeit und Vergänglichkeit zum Thema. Auch das Evangelische Gesangbuch und das Amelungsborner Brevier gedenken der Sterbenden, ihres Endes und ihrer Vollendung im Heil Gottes. Die Losungen halten betend Rückblick und Ausblick.

Luther hängte an die fünf Säulen des Katechismus als sechste die Beichte an, die den mittlere Teil des Bußsakraments bildet. Die Buße konnte er auch als drittes Sakrament bezeichnen. Sie umschließt die Reue (contritio cordis), die Beichte (confessio oris) und die Wiedergutmachung (satisfactio operis). In der Buße geht es um die Umkehr, im Neuen Testament wörtlich die Metanoia, d.h. das Umdenken; denn jede Umkehr beginnt im Geist und führt zur Selbstwerdung aus der Kraft des Evangeliums. Sie bildet die sechste Säule inmitten von Zeitlichkeit und Vergänglichkeit.

Die Umkehr als fröhliche Buße

Mt 4,12-17

Als nun Jesus hörte, daß Johannes gefangengesetzt worden war, zog er sich nach Galiläa zurück. Und er verließ Nazareth, kam und wohnte in Kapernaum, das am See liegt im Gebiet von Sebulon und Naftali, damit erfüllt würde, was gesagt ist durch den Propheten Jesaja, der da spricht: „Das Land Sebulon und das Land Naftali, das Land am Meer, das Land jenseits des Jordans, das heidnische Galiläa, das Volk, das in Finsternis saß, hat ein großes Licht gesehen; und denen, die saßen am Ort und im Schatten des Todes, ist ein Licht aufgegangen."

Seit der Zeit fing Jesus an zu predigen: Tut Buße, denn das Himmelreich ist nahe herbeigekommen!

Lk 19,1-10

Und er ging nach Jericho hinein und zog hindurch. Und siehe, da war ein Mann mit Namen Zachäus, der war ein Oberer der Zöllner und war reich. Und er begehrte, Jesus zu sehen, wer er wäre, und konnte es nicht wegen der Menge; denn er war klein von Gestalt. Und er lief voraus und stieg auf einen Maulbeerbaum, um ihn zu sehen; denn dort sollte er durchkommen.

Und als Jesus an die Stelle kam, sah er auf und sprach zu ihm: Zachäus, steig eilend herunter; denn ich muß heute in deinem Haus einkehren. Und er stieg eilend herunter und nahm ihn auf mit Freuden.

Als sie das sahen, murrten sie alle und sprachen: Bei einem Sünder ist er eingekehrt. Zachäus aber trat vor den Herrn und sprach: Siehe, Herr, die Hälfte von meinem Besitz gebe ich den Armen, und wenn ich jemanden betrogen habe, so gebe ich es vierfach zurück. Jesus aber sprach zu ihm: Heute ist diesem Hause Heil widerfahren, denn auch er ist Abrahams Sohn. Denn der Menschensohn ist gekommen, zu suchen und selig zu machen, was verloren ist.

Fröhliche Umkehr

Buße und Beichte als sechste Säule? Nicht eben Erfreuliches wird damit gewöhnlich verbunden! Statt fröhlicher Lebensbejahung erscheint mit ihr der düstere Ernst von Gesetzen, Geboten und Moralvorschriften. Da tauchen Erinnerungen an die Kindheit auf: Ertappt wurde man. Und nun musste man beichten; stattdessen wäre man am liebsten im Boden versunken!

„Tut Buße, denn das Himmelreich ist nahe“, predigt Jesus. Bußsakrament nennt es die Kirche. Auch dieser Begriff kann düstere Bilder in unseren Köpfen aufsteigen lassen. Wir erinnern uns an mittelalterliche Geißlerzüge. Menschen peinigten und schlugen sich, um so ihre Sünde vor Gott zu tilgen und der Pest zu entgehen. Verhärmte Gestalten verkrümmten sich in Beichtstühlen und auf Gebetsbänken vor einem strengen Gott, um für ihre Missetaten zu büßen.

Wie kann Beichte, Buße, Umkehr eine fröhliche Sache sein? Die Christenheit stellt dagegen: Nur als fröhliche Sache kann sie überhaupt wirklich werden! Fünf Säulen des Glaubens liegen ihr voraus, um dem Menschen die Nähe Gottes vergewissern. Denn die Nähe seiner Liebe, Freundlichkeit und Bejahung ist die Voraussetzung, dass einer, eine sich auf einen neuen Weg begeben kann. Seit Jesus in die Welt kam, folgt die Buße, oder ursprünglicher das Umdenken und Umkehren aus einer großen Freude.

Das Himmelreich ist nahe – eine alte Umschreibung für die einfache Tatsache: Gott ist da, in seiner ganzen Herrlichkeit und Freundlichkeit! Nirgends wird das deutlicher als in Jesus, der lebendigen Nähe Gottes. Hungrige macht er satt, Traurige tröstet er, Kranke macht er gesund; Blinde sehen, Lahme gehen und für die Armen gibt es gute Nachricht! Wo diese Freude zutage tritt, da bekommt ein Mensch die Kraft, seine dunklen Seiten anzusehen, sie einzugestehen, ja sich von ihnen zu trennen und sich zu verändern!

Umdenken, umkehren aus Freude! Dazu wollen Beichte und Buße verhelfen. Es hat noch keinen Aufbruch, keinen Neuanfang in der Kirche gegeben, der nicht aus der Freude und dem Ja Gottes kam. Deswegen kam der Herr mitten in unserer Dunkelheiten, um darin sein Licht aufscheinen zu lassen: Anfang einer fröhlichen Umkehr!

Du verstehst mich immer

Vom Amt der Schlüssel und von der Beichte

KK: Was ist die Beichte?
Die Beichte begreift zwei Stücke in sich:
eins, daß man die Sünde bekenne,
das andere, daß man die Absolution oder Vergebung von dem Beichtiger empfange als von Gott selbst und ja nicht daran zweifle,
sondern fest glaube, die Sünden seien dadurch vergeben vor Gott im Himmel.

Wie geschieht Vergebung?
„Gott sei dir gnädig und stärke deinen Glauben. Amen.
Glaubst du auch, daß meine Vergebung Gottes Vergebung ist?"

„Ja, das glaube ich."

„Wie du glaubest, so geschehe dir.
Und ich, auf Befehl unseres Herrn Jesus Christus,
vergebe dir deine Sünden
im Namen des Vaters und des Sohnes und
des Heiligen Geistes.
Amen.
Gehe hin in Frieden!"

EG 237,1-3

Und suchst du meine Sünde, flieh ich vor dir zu dir,
Ursprung, in den ich münde, du fern und nah bei mir.

Wie ich mich wend und drehe, geh ich von dir zu dir;
Die Ferne und die Nähe, sind aufgehoben hier.

Von dir zu dir mein Schreiten, mein Weg und meine Ruh,
Gericht und Gnad, die beiden bist du – und immer du.

Die Beichte als Weg der Befreiung

Zur Umkehr gehört seit den Anfängen der Kirche auch das Bekenntnis, d.h. die Beichte. Einerseits hat sie einen schlechten Ruf. Die Zahl derer nimmt ab, die beichten und eine Aussprache vor Gott noch suchen. Umso voller sind andererseits die Praxen der Psychotherapeuten, die bedrückten und erkrankten Seelen aufhelfen wollen. Handlungsbedarf für ein offenes Gespräch gibt es mehr als genug! Aber irgendwie scheinen Gott und seine Vertreter auf Erden gegenwärtig die falsche Adresse für menschliche Probleme zu sein.

Vielleicht helfen Kindheitserinnerungen weiter, um den Sinn der Beichte zu erspüren. Da hatte man wirklich etwas „verbrochen“, z.B. eine kostbare Vase zerbrochen, eine Fensterscheibe, ein wertvolles Instrument! Noch lässt es sich verbergen, noch lassen sich die Scherben unter den Teppich kehren. Aber so recht will das Leben nun keinen Spaß mehr machen. Die dunkle Tat drängt sich in den Mittelpunkt des Denkens und Grübelns, des Vermeidens und Verbergens. Doch dann kommt es doch heraus: Stunde der Beichte. Wie hatte ich sie gefürchtet! Und wie erleichtert erfuhr ich sie gewöhnlich! Endlich bin ich diese Sache los! Und die beglückende Erfahrung kommt oft dazu, dass mir danach vergeben wird.

Vor Gott einmal loswerden, was mir das Leben verdunkelt und verkrümmt! Das macht das Leben wieder leicht. Je tiefer ich die göttliche Liebe glaube, umso eher wächst mir der Mut, zu mir auch vor einem anderen zu stehen, vor ihm und vor Gott zu meinem Tun zu stehen. So kann ich Vergebung empfangen, sei es im Stillen oder durch einen anderen, der mir im Namen Gottes die Vergebung zuspricht.

Doch nicht immer liegt das Beschwerliche offen zutage und ist mit einer Beichte schnell zu klären. Oft liegen innere Bindungen und Belastungen in der Tiefe. Denn manche Verletzungen werden unter einer dicken Schicht von Rationalisierungen begraben, wenn einer die dunklen Stimmen in sich nicht zulassen kann. Da bedarf es langer Wege, auf denen das Vertrauen wächst. Solche Wege wollen im Licht der Liebe Gottes gegangen sein. Und dann kann es einer auch herauslassen und so auf dem langen Weg seiner Selbstwerdung vorankommen.

Du bist Sieger über Sünde, Tod und Teufel

Umkehr als Befreiung

Joh 16,31

In der Welt habt ihr Angst, aber seid getrost, ich habe die Welt überwunden!

Röm 8,31-38

Was wollen wir nun hierzu sagen? Ist Gott für uns, wer kann wider uns sein? Der auch seinen eigenen Sohn nicht verschont hat, sondern hat ihn für uns alle dahingegeben – wie sollte er uns mit ihm nicht alles schenken?

Wer will die Auserwählten Gottes beschuldigen? Gott ist hier, der gerecht macht.

Wer will verdammen? Christus Jesus ist hier, der gestorben ist, ja vielmehr, der auch auferweckt ist, der zur Rechten Gottes ist und uns vertritt.

Wer will uns scheiden von der Liebe Christi? Trübsal oder Angst oder Verfolgung oder Hunger oder Blöße oder Gefahr oder Schwert? wie geschrieben steht: „Um deinetwillen werden wir getötet den ganzen Tag; wir sind geachtet wie Schlachtschafe." Aber in dem allen überwinden wir weit durch den, der uns geliebt hat.

Denn ich bin gewiß, daß weder Tod noch Leben, weder Engel noch Mächte noch Gewalten, weder Gegenwärtiges noch Zukünftiges, weder Hohes noch Tiefes noch eine andere Kreatur uns scheiden kann von der Liebe Gottes, die in Christus Jesus ist, unserm Herrn.

Kol 2,15

Er hat die Mächte und Gewalten ihrer Macht entkleidet und sie öffentlich zur Schau gestellt und hat einen Triumph aus ihnen gemacht in Christus.

Angst und Sorge überwinden

Der moderne Mensch erfährt die als Zeit als Sorge, wie Martin Heidegger in „Sein und Zeit“ eindrücklich darlegt. Entfremdet von Gott sind wir nicht nur in Sorge, sondern mit ihr auch in Angst. Beide entstehen durch die Erfahrung des Nichtseins, d.h. biblisch die Finsternis. Dreifach werden wir in der Zeit von Angst und Sorgen bedrückt: in Vergangenheit, Gegenwart und Zukunft!

Die Vergangenheit verfolgt uns Menschen, weil sie stets mit einem Nicht-mehr verbunden ist. Darin steckt Vergänglichkeit: Ob es die trauernde Angst meiner süßen Erinnerung ist, dass dieses Glück nicht mehr da ist; oder ob es diese Verirrung ist, die nicht mehr wieder gut zu machen ist. Ich kann nichts mehr aus der Vergangenheit zurückholen, weder das Schöne noch das Schwere! Nur an einer Stelle sind wir erleichtert, wenn das Böse vergeht!

Die Zukunft bedrückt mit ihrem Noch-nicht! Im Vorgriff auf dieses Noch-nicht macht sich der Mensch Sorgen. Das Künftige ist zwar nur Traum, Vorstellung, Möglichkeit, noch keine Wirklichkeit! Niemand weiß, was wirklich werden wird! Süße Träume können die Gegenwart erhellen; dunkle Alpträume können sie verdunkeln. Aber beides steht unter dem Vorbehalt des Noch-nicht. So fallen aus der Zukunft Schatten der Sorge in mein Leben.

Auch *die Gegenwart* kann bedrücken. Denn sie ist nicht mein Besitz. Weder ist sie greifbar noch verfügbar. Sie fordert mein Wagnis, den Sprung ins Ungewisse, meine Entscheidung! Ich muss in einer Welt vieler Möglichkeiten einen einzigen Weg auswählen. Aber wenn er nicht der richtige ist? Ich will mich für einen Menschen entscheiden. Aber werde ich mit ihm bestehen können? Wieder Grund genug für Angst und Sorge!

Der Glaube lässt die dunklen Schatten nicht einfach verblassen. Noch leben wir als Menschen in dieser Welt! Doch gibt er uns eine neue Perspektive: Er zeigt uns Christus, den die Sünde nicht vom Vater trennen konnte, der Tod nicht vom Leben und der Böse nicht von der Liebe. Ihm kann ich meine Angst und Sorge geben. Zuweilen gehört auch Mut dazu, sie vor Gott und einem anderen auszusprechen. Sie verliert das Dunkel seine Macht!

Die fünfte Bitte des Vaterunsers

UND VERGIB UNS UNSERE SCHULD, WIE AUCH WIR VERGEBEN UNSERN SCHULDIGERN.

KK: WAS IST DAS?

Wir bitten in diesem Gebet,
daß der Vater im Himmel nicht ansehen wolle unsere Sünden
und um ihretwillen solche Bitten nicht versagen;
denn wir sind dessen nicht wert, das wir bitten, haben's auch nicht verdient;
sondern er wolle es uns alles aus Gnaden geben,
obwohl wir täglich viel sündigen und nichts als Strafe verdienen.
So wollen wir wiederum auch herzlich vergeben
und gerne wohltun denen, die sich an uns versündigen.

Das Abendmahl zum Zweiten und Dritten

KK: WAS NÜTZET DENN SOLCH ESSEN UND TRINKEN?
Das zeigen uns diese Worte: Für euch gegeben und vergossen zur Vergebung der Sünden;
nämlich, daß uns im Sakrament Vergebung der Sünden, Leben und Seligkeit durch solche Worte gegeben wird;
denn wo Vergebung der Sünden ist, da ist auch Leben und Seligkeit.

WIE KANN LEIBLICH ESSEN UND TRINKEN SOLCH GROßE DINGE TUN?
Essen und Trinken tuts freilich nicht, sondern die Worte, so da stehen:
Für euch gegeben und vergossen zur Vergebung der Sünden.
Solche Worte sind neben dem leiblichen Essen und Trinken das Hauptstück im Sakrament.
Und wer denselben Worten glaubt, der hat, was sie sagen und wie sie lauten,
nämlich Vergebung der Sünden.

Irren ist menschlich

Könnte nicht eines Tages eine bessere Menschheit entstehen, die nicht mehr sündigt? Wir müssten unsere Kinder nur ein wenig besser erziehen und uns selbst etwas mehr bemühen. Dann müsste all' das Böse verschwinden. Dann wären doch auch Buße und Beichte überflüssig, diese so lästigen Bräuche der alten Kirche!

Doch so einfach schaffen wir Menschen das Böse nicht aus der Welt. Nein, der Mensch wird als Mensch niemals ohne Irrtum sein können. Die Irre begeleitet ihn als ständige Möglichkeit. Ja sie läuft neben ihm her wie der Straßengraben neben der Straße. Irren ist menschlich! Diese Irre kam in die Welt hinein, als Adam und Eva von der verbotenen Frucht aßen. Wie sie durch eine Speise hineinkam, so wird sie auch nur durch eine Speise wieder herausgebracht. Deswegen gibt sich Christus zum leibhaften Opfer hin. Und deswegen verbindet Martin Luther das Abendmahl so unauflöslich mit der Vergebung!

Doch in einem rationalistischen Zeitalter, in dem der Mensch sich noch der Illusion hingibt, er könne einmal alles richtig machen, werden die Verirrungen als vermeidbar geglaubt und notfalls weit weggeschoben: auf Andere oder Anderes! Die Suche nach dem Schuldigen anderswo entlastet davon, bei sich selbst genauer hinzusehen.

Verständlich sind Schuldsuche, Beschuldigungen und Entschuldigungen unter uns Menschen. Denn wer könnte und wollte die Last der Schuld allein tragen? Wo aber noch die Stimme des Gewissens spricht, bleibt der eigene Anteil unüberhörbar. Dagegen scheint nur ein letztes Mittel zu helfen, nämlich verdrängen und zerstreuen! So kann ein Mensch für das leise Mahnen der Wahrheit taub werden. Doch seine Taubheit hat eine bittere Folgen. Denn verdrängte Inhalte können sich an anderer Stelle melden und bewirken dann gefährliche Wirklichkeitsverfehlungen.

In innigster Verbundenheit mit dem, der sich aus Liebe für mich zum Opfer gibt, verblassen Irre und Schuld. Im Spiegel der Liebe vom Kreuz kann einer wieder Wahrheiten ins Auge zu sehen, unter denen er allein zusammenbrechen müsste. Deswegen heißt es bei Gottes Liebesmahl: „Für dich gegeben zur Vergebung der Sünden!"

Die Umkehr zu meinem Selbst

Joh 12,24

Wenn das Weizenkorn nicht in die Erde fällt und [nicht] erstirbt, bleibt es allein; wenn es aber erstirbt, bringt es viel Frucht.

I Kor 5,17

Darum: Ist jemand in Christus, so ist er eine neue Kreatur; das Alte ist vergangen, siehe, Neues ist geworden.

Gal 2,20

Ich lebe, doch nun nicht ich, sondern Christus lebt in mir.

EG 393,3

Geht's der Natur entgegen,
so geht's gerad und fein;
die Fleisch und Sinnen pflegen,
noch schlechte Pilger sein.

Verlaßt die Kreatur
und was euch sonst will binden;
lasst gar euch selbst dahinten,
es geht durchs Sterben nur ...

Gottes Weg vom Ich zum Selbst

Gefangen in seinen Reflexionen und Gedanken als ein homo incurvatus in se – ein in sich verkrümmter Mensch: Dieses Schicksal macht uns Heutigen besonders zu schaffen! Je tiefer wir in die Welt des Wissens und der Bildung eindringen, umso ängstlicher werden wir, eingerollt und verschlossen wie ein Igel! Je rationaler wir sind, desto schwerer wird es für uns, aus der schützenden Welt der Reflexionen herauszukommen. So erfährt sich ein Mensch gefangen in seinem Ich.

In der Sehnsucht nach Erweiterung des Bewusstseins zeigt sich eine religiöse Dimension: Der Mensch ist nicht nur das Ich, das täglich reflektiert. Er ist auch das Selbst, die Person, das Herz, das Gott ihm gibt. Und Selbstwerdung heißt, seine innerste Mitte finden, aus ihr heraus leben! Das bedeutet allerdings, dass dort, wo Ich ist, Selbst werden muss.

Es gibt allerdings keinen Weg vom Ich zum Selbst, sagt die moderne Psychotherapie. Luther war sich dessen in religiöser Hinsicht schon vor langer Zeit bewusst: Es gibt keinen Weg vom Menschen weder zu Gott noch zur Seele, weder durch Bemühen noch durch Übungen! Wenn einer sämtliche Meditationsbücher der Welt gelesen hätte, so könnten sie ihm den Weg zur Gotteserfahrung doch nicht weisen! Jeder, der sich in der Selbstwerdung versucht, weiß, dass das Ziel umso ferner rückt, je mehr er es herbeizwingen will.

Es gibt nur den umgekehrten Weg. Dass Gott sich offenbart. Er muss die Decke wegziehen, die über dem Wesen der Dinge liegt. Und das gleiche gilt für das göttliche Geheimnis in uns, die Seele! In der Sprache der Psychologie: Das Selbst muss sich äußern! Denn aus dem Selbst steigen Einsichten in das Ich auf. Dann erst kann man in Träumen lesen, Assoziationen aufnehmen, Intuitionen gedanklich verarbeiten. Aus der Tiefe der Seele spricht auch die Stimme des heiligen Geistes! Danach erst beginnt das Nachdenken der Theologen!

Die Beichte, das Zu-sich-selbst-Stehen vor Gott lässt gleichsam die Wand, die zwischen göttlichem Selbst und rationalem Ich steht, durchlässiger werden. Wer sich die Grenzen seines Ichs eingesteht, steht zugleich vor dem Tor zu seinem Selbst.

Umkehr zum Gottesdienst

EG 485,1-6

Du Schöpfer aller Wesen, du Lenker aller Zeit,
die Woche, die gewesen, kehrt heim zur Ewigkeit.

Anbetend, Herr wir singen das Lied der Ewigkeit,
zu dir zurück wir bringen die anvertraute Zeit.

Dir sind wir ganz verschrieben, ein bleibend Eigentum.
Hilf, daß wir rein dich lieben, rein künden deinen Ruhm.

Wenn es jetzt um uns dunkelt, sei selber unser Licht,
und wenn das Irrlicht funkelt, laß uns verirren nicht.

Die Schuld will uns vertreiben, Herr Christ, vergib sie du.
Laß unsern Glauben bleiben in deines Todes Ruh.

Dein Kreuzeshand nun segne die Schar, die kniet vor dir,
und jedem selbst begegne: ‚Der Friede sei mit dir.'

Mt 8,8

Der Hauptmann antwortete und sprach: Herr, ich bin nicht wert, daß du unter mein Dach gehst, sondern sprich nur ein Wort, so wird mein Knecht gesund.

Subjektwechsel und Gottesdienst

Der Samstag heißt auch Sonnabend, Vorabend des Sonntags, in dem die Woche sich rundet. Schon läuten mancherorts die Glocken den Sonntag ein und rufen zum Gottesdienst! Ein Ruf, der Zwiespältiges auslösen kann. Irgendwie erwarten der Pastor oder die Pastorin doch, dass ich dorthin gehe; und hinter ihren Erwartung steht Gott, der meine Zeit, meine Dienste noch unbedingter fordert. Unangenehmer Erwartungsdruck und Lustlosigkeit!

Luthers Leben nahm eine umstürzende Wende, als er nur zwei Wörter neu begriff: Gerechtigkeit Gottes. Sein neues Verständnis hat mit einem Wechsel des Subjekts zu tun. Nicht der Mönch Luther steht in Zentrum, um der Gerechtigkeit zu genügen. Sondern Gott ist in der Mitte, der seine Gerechtigkeit dem Menschen schenkt!

Was für die Rechtfertigung gilt, gilt auch für den Gottesdienst. Auch bei ihm stellt sich die Frage nach dem Subjekt. Solange der Mensch noch in der Mitte steht, ist jeder Gottesdienst anstrengend und entfremdend. Erst umgekehrt wird das Evangelium daraus: Gott ist Subjekt! Im Gottesdienst dient Gott seinen Menschen. Er will uns seine Liebe schenken!

Aber wie geschieht ein solcher Subjektwechsel? Seit alten Tagen gehört er zur wesentlichsten Erfahrung der Umkehr. Ein Mensch bekennt sich zu seinen Tun; er erkennt sein Scheitern und anerkennt die Grenzen, die Gott setzt. Indem er nun Gott handeln lässt, der vergibt und seinen Geist verleiht, wird dieser als das andere Subjekt eines Lebens offenbar.

Kein Symbol kann dem doppelten Dienst Gottes am Menschen tiefer ausdrücken als die Sonne, die auch dem Sonnabend seinen Namen gibt. Herrschaftlich glänzt sie am Himmel; ihrem Licht bleibt kein Staubkorn, kein Schatten, keine Schramme verborgen. Gottes reine Liebe deckt auf, was der Liebe nicht gemäß ist. Und vergebend, verzeihend schenkt sie jene Wärme und Güte, in der ein Mensch zu sich selbst findet.

Jeder gelungene Gottesdienst beginnt daher mit einem Subjektwechsel. Nicht ich, sondern ER! Deswegen wird der Sonntag am Sonnabend gewonnen. Ich erkenne mich in meinen Grenzen und bereite mich auf den Strom seiner göttlicher Liebe vor. So wird der Dienst Gottes an mir auch zu meinem Dienst an Gott: Gottesdienst im doppelten Sinne!

Meine Zeit in deinen Händen

Die Umkehr als Bekenntnis zum Leben in der Zeit

Lebenslieder 213,1-3[20]

R: Meine Zeit steht in deinen Händen.
Nun kann ich ruhig sein, ruhig sein in dir.
Du gibst Geborgenheit, du kannst alles wenden.
Gib mir einfestes Herz, mach es fest in dir.

Sorgen quälen und werden mir zu groß.
Mutlos frag ich: was wird morgen sein?
Doch du liebst mich, du läßt mich nicht los.
Vater, du wirst bei mir sein.

Hast und Eile, Zeitnot und Betrieb
nehmen mich gefangen, jagen mich.
Herr, ich rufe: komm und mach mich frei!
Führe du mich Schritt für Schritt.

Es gibt Tage, die bleiben ohne Sinn.
Hilflos seh ich, wie die Zeit verrinnt.
Stunden, Tage, Jahre gehen hin,
und ich frag wo sie geblieben sind.

R: Meine Zeit steht in deinen Händen.
Nun kann ich ruhig sein, ruhig sein in dir.
Du gibst Geborgenheit, du kannst alles wenden.
Gib mir einfestes Herz, mach es fest in dir.

Seine Zeit in Gottes Hände legen

Meine Zeit: Vielfältig ist sie! Eine Vergangenheit voller schöner Erinnerungen, aber doch auch dunkler Schatten. Eine Zukunft voller Visionen, aber auch drückender Sorgen. Eine Gegenwart so flüchtig und doch so fordernd, in jedem Moment ein Wagnis. Meine Zeit! Am Ende der Woche lasse ich sie an meinem inneren Auge vorüberwandern.

Ich habe sie verbracht; und doch steht sie in Gottes Händen. Deswegen will ich sie auch wieder dort hinein legen. Denn er, dem der *Sonntag* gehört, ist die Mitte aller Zeiten und allen Lebens. Um ihn dreht sich alles; alles kommt von ihm und alles geht zu ihm. Der ganze Kreis des Lebens!

Meine Zeit erfahre ich in den Grenzen von Gesetzen und Ordnungen, in denen ich mein Leben gestalte. Daran erinnert der *Montag*. Meine Zeit aber fordert täglich mein Vertrauen, ja mein Urvertrauen in die Güte Gottes. Ich will daher den Glauben leben, der in Höhen und Tiefen nicht von Gott lässt. Das ist die Botschaft des *Dienstags*.

Meine Zeit will ich im Gebet in Gottes Hände legen. Dazu weisen die sieben Bitten des Vaterunser den Weg. Versammlung des Lebens um die Mitte, um das Herz, in dem Gott seine Wohnung aufgeschlagen hat. Thema des *Mittwochs*! Und *donnerstags*? Meine Zeit als Erfahrung einer tiefgreifenden Verwandlung, die mit der Taufe ihren Anfang nahm. Wiedergeburt, neues Sein aus dem Geist Gottes, Erneuerung des Lebens!

Am *Freitag* feiern wir mit dem Abendmahl das Fest der sich opfernden Liebe. Alles, was ich bin, empfange ich von ihm! Besonders aber schenkt er mir seine Vergebung. Sein Kreuz wird zum Zeichen seiner Liebe bis in den Tod! Und schließlich *samstags* die letzte Säule des Glaubens, die höchste Stufe im Erdenleben: Dass jemand durch Gott ein Ja zu sich selbst sagen lernt! Denn die Liebe Gottes ist so groß, dass jeder Schatten vor ihm sein darf.

Mit dem *Sonntag* mündet meine Zeit wieder in seine Ewigkeit: „So befehle ich meinen Geist in deine Hände. Denn du bist die ewige Liebe, aus der ich lebe; du bist die ewige Treue, die mich hält; du bist der ewige Geist, der mich erfüllt. Dir sei Lob und Ehre in Ewigkeit, Amen!"

Drei Gebete für den Tageslauf

1 | Die Morgenandacht

Eingang

Die Nacht ist vergangen, der Tag ist herbeigekommen.
Lasset uns wachen und nüchtern sein und abtun, was uns träge macht.
Lasset uns laufen mit Geduld in dem Kampf, der uns verordnet ist.
Herr unser Gott, wir danken dir für die Ruhe der Nacht
und für das Licht dieses neuen Tages.
Lass uns bereit sein, dir zu dienen. Lass und wach sein für dein Gebot.
Amen!

EG 447,1–3

Lobet den Herren alle, die ihn ehren;
lasst uns mit Freuden seinem Namen singen
und Preis und Dank zu seinem Altar bringen. Lobet den Herren!

Der unser Leben, das er uns gegeben,
in dieser Nacht so väterlich bedecket
und aus dem Schlaf uns fröhlich auferwecket:
Lobet den Herren!

Daß unsere Sinnen wir noch brauchen können
und Händ und Füße, Zung und Lippen regen
das haben wir zu danken seinem Segen. Lobet den Herren!

Ps 63,2–9[31]

Gott, du bist mein Gott,
frühe wache ich zu dir

> Es dürstet meine Seele nach dir, mein ganzer Mensch verlangt
> nach dir aus trockenem, dürrem Land, wo kein Wasser ist.

So schaue ich aus nach dir in deinem Heiligtum,
wollte gerne sehen deine Macht und Herrlichkeit.

Denn deine Güte ist besser als Leben;
meine Lippen preisen dich.

So will ich dich loben mein Leben lang
und meine Hände in deinem Namen aufheben.

Das ist meines Herzens Freude und Wonne,
wenn ich dich mit fröhlichem Munde loben kann;

wenn ich mich zu Bette lege, so denke ich an dich,
wenn ich wach liege, sinne ich über dich nach.

Denn du bist mein Helfer,
und unter dem Schatten deiner Flügel frohlocke ich.

Meine Seele hängt an dir;
deine rechte Hand hält mich.

Ehre sei dem Vater und dem Sohne
und dem heiligen Geist

wie im Anfang, so auch jetzt und allezeit,
und von Ewigkeit zu Ewigkeit, Amen.

Meditation

EG 447,6-8

O treuer Hüter, Brunnen aller Güter,
ach laß doch ferner über unser Leben
bei Tag und Nacht dein Huld und Güte schweben. Lobet den Herren!

Gib, daß wir heute, Her, durch dein Geleite
auf unseren Wegen unverhindert gehen,
und überall in deiner Gnade stehen. Lobet den Herren.

Treib unsern Willen, dein Wort zu erfüllen;
Hilf uns gehorsam wirken deine Werke;
Und wo wir schwach sind, da gib du uns Stärke. Lobet den Herren!

Gebet, Vaterunser

Segen

Es segne und behüte uns Gott der Allmächtige und Barmherzige:
Vater, Sohn und Heiliger Geist. Amen.

2 | Die Mittagsandacht

Eingang

Auf der Höhe des Tages halten wir inne.
Lasset uns Herzen und Hände erheben zu Gott,
der unseres Lebens Mitte ist.
Herr unser Gott:
Lass uns vor dir stehen mitten im Tagewerk.
Richte uns aus, dass wir das Eine suchen,
dass wir tun, was not ist.
Lass uns wandeln vor deinen Augen.
Amen.

EG 457,1-3

Der Tag ist seiner Höhe nah.
Nun blick zum Höchsten auf,
der schützend auf dich niedersah
in jedes Tages Lauf.

Wie laut dich auch der Tag umgibt,
jetzt halte lauschend still,
weil er, der dich beschenkt und liebt,
die Gabe segnen will.

Der Mittag kommt. So tritt zum Mahl;
Denk an den Tisch des Herrn.
Er weiß die Beter überall
Und kommt zu Gaste gern.

Psalm 104,1f.3-5.10.13-15.24.27f

HERR, mein Gott, du bist sehr herrlich;
du bist schön und prächtig geschmückt.

> Licht ist dein Kleid, das du anhast.
> Du breitest den Himmel aus wie einen Teppich.

Du fährst auf den Wolken wie auf einem Wagen
und kommst daher auf den Fittichen des Windes,

> der du machst Winde zu deinen Boten
> und Feuerflammen zu deinen Dienern;

der du das Erdreich gegründet hast auf festen Boden,
daß es bleibt immer und ewiglich.

> Du lässest Wasser in den Tälern quellen,
> daß sie zwischen den Bergen dahinfließen.

Du feuchtest die Berge von oben her,
du machst das Land voll Früchte, die du schaffest.

> Du lässest Gras wachsen für das Vieh
> und Saat zu Nutz den Menschen,

daß du Brot aus der Erde hervorbringst,
daß der Wein erfreue des Menschen Herz.

> HERR, wie sind deine Werke so groß und viel!
> Du hast sie alle weise geordnet, und die Erde ist voll
> deiner Güter.

Es warten alle auf dich,
daß du ihnen Speise gebest zur rechten Zeit.

> Ehre sei dem Vater und dem Sohn
> und dem Heiligen Geist,

wie im Anfang, so auch jetzt und allezeit,
und in Ewigkeit. Amen.

Meditation

EG 457,7,11,12

Er segnet, wenn du kommst und gehst;
er segnet, was du planst.
Er weiß auch, daß du's nicht verstehst
und oft nicht einmal ahnst.

Die Hände, die zum Beten ruhn,
die macht er stark zur Tat.
Und was der Beter Hände tun,
geschieht nach seinem Rat.

Der Tag ist seiner Höhe nah.
Nun stärke Seel und Leib,
daß, was an Segen er ersah,
dir hier und dort verbleib.

Gebet, Vaterunser

Segen

Es segne und behüte uns Gott der Allmächtige und Barmherzige:
Vater, Sohn und Heiliger Geist.
Amen.

3 | Die Abendandacht

Eingang

Der Tag ist vergangen und unser Werk ist vollbracht.
Es ist Abend worden.
Lasset uns stille halten der Heimsuchung unseres Gottes.
Unser Abendgebet steige auf zu dir, Herr
und es senke sich herab auf uns dein Erbarmen.
Dein ist der Tag und dein ist die Nacht.
Lass im Dunkel uns leuchten das Licht deiner Wahrheit.
Geleite uns zur Ruhe der Nacht
und dereinst zur ewigen Vollendung. Amen.

EG 487,1-4

Abend ward, bald kommt die Nacht, schlafen geht die Welt;
denn sie weiß, es ist die Wacht, über ihr bestellt.

Einer wacht und trägt allein ihre Müh und Plag,
der läßt keinen einsam sein, weder Nacht noch Tag.

Jesu Christ, mein Hort und Halt, dein gedenk ich nun,
tu mit Bitten dir Gewalt, bleib bei meinem Ruhn.

Wenn dein Aug ob meinem wacht, wenn dein Trost mir frommt,
weiß ich, daß auf gute Nacht guter Morgen kommt.

Psalm 103,1-11.22

Lobe den HERRN, meine Seele,
und was in mir ist, seinen heiligen Namen!

> Lobe den HERRN, meine Seele,
> und vergiß nicht, was er dir Gutes getan hat:

der dir alle deine Sünde vergibt
und heilet alle deine Gebrechen,

> der dein Leben vom Verderben erlöst,
> der dich krönet mit Gnade und Barmherzigkeit,

der deinen Mund fröhlich macht,
und du wieder jung wirst wie ein Adler.

Der HERR schafft Gerechtigkeit
und Recht allen, die Unrecht leiden.

Er hat seine Wege Mose wissen lassen,
die Kinder Israel sein Tun.

Barmherzig und gnädig ist der HERR,
geduldig und von großer Güte.

Er wird nicht für immer hadern
noch ewig zornig bleiben.

Er handelt nicht mit uns nach unsern Sünden
und vergilt uns nicht nach unsrer Missetat.

Denn so hoch der Himmel über der Erde ist,
läßt er seine Gnade walten über denen, die ihn fürchten.

So fern der Morgen ist vom Abend,
läßt er unsre Übertretungen von uns sein.

Wie sich ein Vater über Kinder erbarmt,
so erbarmt sich der HERR über die, die ihn fürchten ...

Die Gnade aber des HERRN währt von Ewigkeit zu Ewigkeit
über denen, die ihn fürchten ...

Lobet den HERRN, alle seine Werke, an allen Orten seiner Herrschaft!
Lobe den HERRN, meine Seele!

Ehre sei dem Vater und dem Sohn
und dem Heiligen Geist,

wie im Anfang, so auch jetzt und allezeit,
und in Ewigkeit. Amen.

Meditation

EG 482,1-3.5

Der Mond ist aufgegangen,
die goldnen Sternlein prangen
am Himmel hell und klar.
Der Wald steht schwarz und schweiget,
und aus den Wiesen steiget
der weiße Nebel wunderbar.

Wie ist die Welt so stille
und in der Dämmrung Hülle
so traulich und so hold
als eine stille Kammer
wo ihr des Tages Jammer
verschlafen und vergessen sollt.

Seht ihr den Mond dort stehen?
Er ist nur halb zu sehen
und ist doch rund und schön.
So sind so manche Sachen,
die wir getrost belachen,
weil unsere Augen sie nicht sehn.

Wir stolzen Menschenkinder
sind eitel arme Sünder
und wissen gar nicht viel.
Wir spinnen Luftgespinste
und suchen viele Künste
und kommen weiter von dem Ziel.

Gott, laß dein Heil uns schauen,
auf nichts Vergänglichs trauen,
nicht Eitelkeit uns freun;
laß uns einfältig werden
und vor dir hier auf Erden
wie Kinder fromm und fröhlich sein.

Gebet, Vater unser

Segen

Es segne und behüte uns Gott der Allmächtige und Barmherzige:
Vater, Sohn und Heiliger Geist.
Amen.

Anhang

1 | Nachwort

Das ist meine Absicht: Ich will Spiritualität vertiefen und verankern helfen durch sieben Säulen evangelischen Glaubens. Dieses Handbuch ist daher als Angebot für die eigene Praxis der Frömmigkeit gedacht. Doch mit den sieben Säulen an sieben Tage der Woche will ich zugleich ein weites Feld schöpferischer Entfaltungen eröffnen. Denn in viele Richtungen könnte das einfache Schema weiter entwickelt werden: als Merkblatt für Konfirmanden, als Themenreihe für Passionsandachten oder als Anregung für Kindergarten und Schule.

Die Einladung zum Mitgestalten gilt besonders noch für eine Idee, die zur Drucklegung noch nicht ausgereift war. Für jeden Tag und jedes Thema eine repräsentative Gestalt aus der Bibel zu finden. Einiges liegt nahe: Zum Montag mit dem Gesetz gehört Mose. Und am Dienstag könnte mit dem Glauben Abraham folgen. Aber welche Person der Bibel steht für das Gebet? Könnte es Maria, die Mutter Jesu sein? Zu wem passt die Taufe, das Abendmahl? Und wie steht es um das Verhältnis von Männern und Frauen? Ich fand zu noch keiner überzeugenden Zuordnung und würde mich über Anregungen freuen!

Einen Traum will ich abschließend nicht verschweigen. Obwohl es viele Wocheneinteilungen gibt, obwohl viele Wege gibt, Spiritualität einzuüben und zu vertiefen. Ich wünsche mir, dass doch dieser Weg vielen bei der Vertiefung ihres Glaubens dient und so im Laufe der Zeit in die Breite wächst. Ja, wenn ich ganz kühn träume, wünsche ich mir, dass eines Tages eine Sitte daraus wird und die Wochentage mit christlicher Wahrheit gefüllt sind. Aber eine solche „Taufe“ der antiken Woche soll nicht mehr meine Sorge zu sein. Es liegt ganz und gar in der Hand dessen, von dem wir alle leben und alles empfangen!

2 Ein Überblicksschema der sieben Säulen

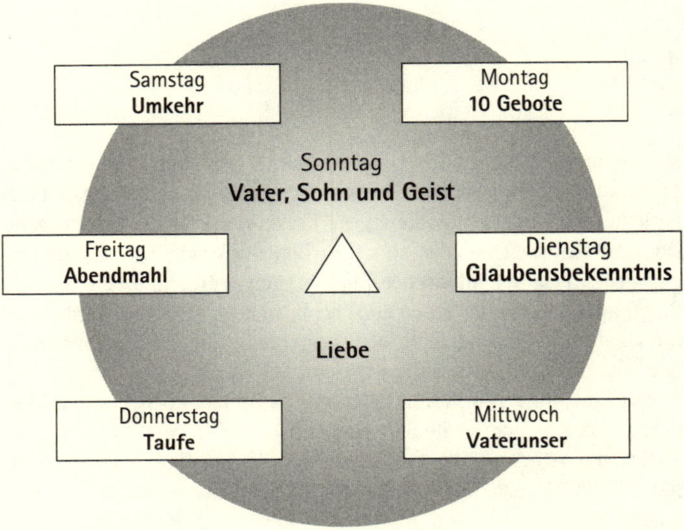

3 Literatur

Die *Bibel* wird nach der Übersetzung Luthers in der Revision von 1957–1984, Stuttgart 1985 zitiert.

Die Lieder werden nach dem *Evangelischen Gesangbuch (EG)* für Niedersachsen und Bremen), Hannover 1994 zitiert. Andere Quellen werden in Endnoten angegeben.

Die Texte des *Kleinen Katechismus* (KK) sind dem Evangelischen Gesangbuch entnommen; die Texte aus dem *Großen Katechismus* (GK) dem Buch *Martin Luther, der Große und der Kleine Katechismus:* hg. von Kurt Aland/Hermann Kunst, Göttingen ^{2}1985.

Auf folgende Breviere und Andachtsbücher wurde bei den Tagesthemen neben dem Evangelischen Gesangbuch Bezug genommen:

- *Liturgikon, Meßbuch der Byzantinischen Kirche:* Hg. von Neophytos Edelby, Recklinghausen 1967.
- *Der Grosse Wochentagsschott:* Hg. von Odo Haggenmüller OSB/ Benediktiner der Erzabtei Beuron, Freiburg/Basel/Wien Bd. I: 1975, Bd. II: 1976.
- *Evangelisches Tagzeitenbuch,* Hg. von Albert Mauder, Kassel 1967.
- *Die täglichen Losungen und Lehrtexte der Brüdergemeinde für das Jahr 2003:* Hg von der Direktion der Evangelischen Brüderunität Herrnhut und Bad Boll, Lörrach 2002.
- *Amelungsborner Brevier:* Hg. von Hans-Christian Drömann/Traugott Ohse/Berthold Ostermann, Bd. I u. II: Amelungsborn 1999.

4 Anmerkungen

1 Olav Hanssen: Das Betrachtende Gebet, Göttingen ^{2}1997, 116–120.

2 Siehe Anm. 13.

3 Die Bekenntnisschriften der evangelisch-lutherischen Kirche (BSKL), Göttingen ^{4}1959, 706, 1.

4 Siehe Überblickstafel S. 156.

5 Albert Mauder/Evangelische Michaelsbruderschaft (Hg.): Evangelisches Tagzeitenbuch, Kassel 1967.

6 Vgl. z.B. Olav Hanssen/Reinhard Deichgräber: Leben heißt sehen, Göttingen ^{2}1969, 79ff.

7 Siehe Anm. 3.

8 Siehe Überblickstafel S. 156.

9 Siehe S. 27f.

10 Martin Heidegger: Die Technik und die Kehre, Pfullingen ^{4}1978.

11 Luther, Martin: Vorrede zur Theologia Deutsch (1518); in Kurt Aland (Hg.): Luther-Werke Bd. 1: Göttingen 1991, 395.

12 BSLK, GK 547f.

13 Traugott Koch: Johann Habermanns „Betbüchlein" im Zusammenhang seiner Theologie, Tübingen 2001, 24 (hier das textgenaue Zitat): „In der <andacht des hertzenn[s]> wird <das eusserlich> – die gesprochenen worte, das <mundlich gebeth>, aber auch ein vorformuliertes Gebet, wie das Vaterunser – <yn das innerlich> ‚gezogen'; statt der Worte, wird der <sinne> der Worte gebetet. Das <beste gebet> ist das, wo <das hertz meer dan der mundt> ‚redet': wo <die mundliche wort> nur hörbarer, geäußerter Anlaß sind, damit <das Hertz bewegt und erhaben wird tzu got.>".

14 Näheres zu Luthers Wissen und Praktizieren der Meditation bei Martin Nicol: Meditation bei Luther, Göttingen ^{2}1991.

15 Zur Spiritualität Luthers vgl. auch Georg Gremels: Ein Mensch namens Luther – vom Geheimnis der Wandlung, Marburg 2003.

16 Ramana Maharshi: Gespräche des Weisen vom Berge Arunachala, München ^{4}2000.

17 Siehe S. 147ff.

18 Jochen Klepper: Unter dem Schatten deiner Flügel, Stuttgart 1956, 728.

19 Bruno Krüger/Autorenkollektiv (Hg.): Die Germanen Bd. I: Berlin 1983, 374.

20 Albrecht Peters: Kommentar zu Luthers Katechismen, Bd. 1: Die Zehn Gebote, Göttingen 1990; Bd. 2: Der Glaube, Göttingen 1991; Bd. 3: Das Vaterunser Göttingen 1992; Bd. 4: Die Taufe, das Abendmahl, Göttingen 1993; Bd. 5: Beichte, Haustafel, Traubüchlein und Taufbüchlein, Göttingen 1994.

21 Siehe S. 9.

22 Emmanuel Jungclaussen (Hg.): Aufrichtige Erzählungen eines russischen Pilgers, Freiburg, Basel, Wien ^{11}1974. Zur Einführung in die Praxis des Herzensgebets vgl. auch Kallistos Ware/Emmanuel Jungclaussen: Hinführung zum Herzensgebet, Freiburg/Basel/Wien 1982.

23 Das Herzensgebet ist im orthodoxen Mönchtum entwickelt worden. Davon zeugt die Philokalie in ihrer fünfbändigen griechischen Originalausgabe (1782) und ihre griechischen Nachdrucke. Ausschnitte daraus finden sich bei Klaus Dahme: Byzantinische Mystik, ein Textbuch aus der „Philokalia"; Bd. 1: *Das Erbe der Mönchsväter,* Salzburg 1989; Bd. 2: *Die Lehre von der geistlichen Stille,* Salzburg 1995. Alfons Rosenberg (Hg.): Die Meditation des Herzensgebets, Bern/München 1983 (Ausschnitte aus „Die Zenturie der Mönche Kallistus und Ignatius").

24 Heinz Schürmann: Das Jesusgebet im Kirchenjahr, Münsterschwarzach 1997.

25 Siehe Anm. 1.

26 CVJM (Hg.): Wachet auf! Kassel ^{6}1961.

27 Aniela Jaffé: Erinnerungen, Träume, Gedanken von C.G. Jung, Freiburg ^{2}1984, 58.

28 Max Thurian: Aktion und Kontemplation, Gütersloh 1963.

29 Ortwin Schweitzer/Karl Häberle (Hg.): Die Fontäne, Stuttgart ^{3}1981.

30 Ulrich Parzany/CVJM (Hg.): Lebenslieder, Waldbröhl ^{3}1993.

31 Vers 2 nach der 1914 revidierten Lutherübersetzung.

Spiritualität

Anselm Grün /
Reinhard Deichgräber

Freude an der Eucharistie

Meditative Zugänge zur Feier des Herrenmahles

2003. 80 Seiten, kartoniert
ISBN 3-525-60409-2

Freude an der Eucharistie – eine Selbstverständlichkeit? Jahrhunderte lang war sie in den Kirchen verschüttet unter einer allgemeinen falschen Scheu, zum Abendmahl, zur Kommunion zu gehen. Freude an der lebendigen Begegnung mit Christus im eucharistischen Mahl haben erst die Erneuerungsimpulse des 20. Jahrhunderts wieder erweckt und mit ihr unsere Sehnsucht nach gemeinsamen Feiern. Ihre Erfüllung zu erzwingen würde allerdings die Freude verhindern. Die ursprüngliche Freude an jeder uns offenen Feier und an jeder Begegnung mit den Schätzen anderer Traditionen – und mit ihr die Sehnsucht – möchten die meditativen und instruktiven ökumenischen Beiträge dieses Bandes wecken und vertiefen. Es gibt noch viel zu entdecken ...

Peter Zimmerling

Evangelische Spiritualität

Wurzeln und Zugänge

2003. 310 Seiten mit 10 Abbildungen, kartoniert
ISBN 3-525-56700-6

Seit Jahren gibt es ein zunehmendes Bedürfnis nach spiritueller Erfahrung.

Dieses Buch möchte einen Beitrag zur Erneuerung der evangelischen Spiritualität leisten. In Aufnahme und Weiterentwicklung von Erkenntnissen der Reformation werden Kriterien für eine zukunftsfähige evangelische Spiritualität entwickelt sowie die vielfältigen Erscheinungsbilder evangelischer Spiritualität in der Gegenwart behandelt: der Kirchentag, die christliche Meditationsbewegung, die evangelischen Kommunitäten, die charismatischen und die fundamentalistischen Bewegungen.